# 家庭农场
## 与农民合作社知识问答

姚凤娟　编著

JIATING NONGCHANG
YU NONGMIN HEZUOSHE ZHISHI WENDA

化学工业出版社

·北京·

## 内 容 简 介

《家庭农场与农民合作社知识问答》图文并茂，通俗易懂，汇集家庭农场和农民合作社200多个问题，通过问答的形式提出问题并给出相应的答案，使学习者快速掌握知识要点和技能要点。主要内容包括两篇三个部分，第一篇为家庭农场篇，重点解答家庭农场的难点问题；第二篇为农民合作社篇，包括党支部领办合作社和农民专业合作社两个部分，分别解答党支部领办合作社和农民专业合作社常见的问题。

本书可作为农村经济综合管理类、农学类、家庭农场生产经营类等专业学生的教材，也可以供新型农民培训和农村经济管理工作者学习参考，还可以供家庭农场主以及农民合作社理事长、监事长、财务人员和社员参考使用。

**图书在版编目（CIP）数据**

家庭农场与农民合作社知识问答／姚凤娟编著．—北京：化学工业出版社，2023.8
ISBN 978-7-122-43545-3

Ⅰ.①家… Ⅱ.①姚… Ⅲ.①家庭农场－农场管理－中国－问题解答②农业合作社－中国－问题解答 Ⅳ.①F324.1-44②F321.42-44

中国国家版本馆 CIP 数据核字（2023）第 094644 号

---

责任编辑：迟　蕾　李植峰　张雨璐　　　　　　装帧设计：王晓宇
责任校对：刘曦阳

---

出版发行：化学工业出版社（北京市东城区青年湖南街13号　邮政编码100011）
印　　装：三河市延风印装有限公司
710mm×1000mm　1/16　印张 9¼　字数 137 千字　2023 年 10 月北京第 1 版第 1 次印刷

购书咨询：010-64518888　　　　　　　　　　　　售后服务：010-64518899
网　　址：http://www.cip.com.cn
凡购买本书，如有缺损质量问题，本社销售中心负责调换。

---

定　价：29.80 元　　　　　　　　　　　　　　　　版权所有　违者必究

# 前言

随着市场经济和农业现代化的快速发展,传统的农村家庭承包经营模式已融入农业商品化、集约化、产业化、规模化和信息化的元素。党的二十大报告明确提出,全面推进乡村振兴。扎实推动乡村产业、人才、文化、生态、组织振兴。因此,乡村振兴首先要有产业。同时,为了适应经济的快速发展,大部分农民或者把土地流转出去,或者把土地交给农业社会化服务组织经营,自己进城务工。部分农民承包大量的土地,开展农场经营,变成农场主,没有承包土地的农民有的是自发组织起来,有的是通过村党支部开展联合,成立了各种形式的农民合作社。这种以家庭承包经营为基础,以互助互利为目的的新型合作组织或家庭农场经营模式,更加适应现阶段我国农村生产力发展的要求,实现了现代化农业生产与变化多端市场的对接,推动了农业规模化、标准化和产业化的发展,为促进农业增产、农民增收找到了新的途径。

继 2006 年 10 月 31 日第十届全国人民代表大会常务委员会第二十四次会议通过《中华人民共和国农民专业合作社法》(简称《农民专业合作社法》)(2007 年 7 月 1 日起施行)之后,国家在 2017 年 12 月 27 日第十二届全国人民代表大会常务委员会第三十一次会议进行了修订,并于 2018 年 7 月 1 日起施行。随着家庭农场登记注册越来越多,2021 年 8 月 24 日,国务院颁布了《中华人民共和国市场主体登记管理条例》(简称《条例》)(国令第 746 号),并于 2022 年 3 月 1 日起施行。《条例》明确了家庭农场、农民专业合作社等新型经营主体的登记管理办法。2022年7月财政部会同农业农村部共同颁发了《农民专业合作社财务制度》（财农〔2022〕58号），并于2023年1月1日起施行。一系列文件的发布证明家庭农场和农民合作社在我国目前农村发展产业的必要性，是实现乡村产业振兴的必然选择，同时也存在一些需要规范的问题，因此在《家庭农场与农民专业合作社管理实务》出版之后，通过对各类文件的学习研究，总结编写《农民合作社与家庭农场知识问答》一书，通过一问一答的形式，解决家庭农场和农民合作社方面的问题。书中配有知识链接和解释，使问题易于理解。

全书以简单实用为原则共设计了两篇三个部分的内容。第一篇从目前家庭农场登记注册的实况入手，解答家庭农场登记注册、经营模式、经营管理等方面的问题，第二篇从党支部领办合作社和农民专业合作社两个方面入手，解答不同类型的农民合作社登记注册、经营管理、财务制度等方面的问题。

本书可以作为《家庭农场与农民专业合作社管理实务》配套教材使用，在教学和各种培训中可快速解答学生的各种问题，同时也可供家庭农场主以及农民合作社理事长、监事长、财务人员、社员等参考学习。

由于时间仓促，编者水平有限，书中疏漏之处在所难免，敬请指正。

编 者

2023年3月

# 目录
CONTENTS

## 第一篇　家庭农场篇　/ 1

1. 什么是家庭农场？　/ 2
2. 家庭农场可以雇工吗？　/ 2
3. 家庭农场登记类型有哪些？　/ 2
4. 家庭农场对土地规模有要求吗？　/ 3
5. 家庭农场有什么特征？　/ 3
6. 家庭农场的出资方式有哪些？注册时需要验资吗？　/ 4
7. 依据家庭农场合作类型的不同，家庭农场可以有哪些模式？　/ 4
8. 什么是"家庭农场 + 合作社"模式？　/ 5
9. 什么是"家庭农场 + 龙头企业"模式？　/ 5
10. 什么是"家庭农场 + 合作社 + 龙头企业"模式？　/ 6
11. 什么是"专业市场 + 家庭农场"模式？　/ 6
12. 依据家庭农场经营产业的不同，家庭农场有哪些类型？　/ 7
13. 什么是种植业类型的家庭农场？　/ 7
14. 不同种植业类型家庭农场的特点有哪些？　/ 8
15. 什么是养殖业类型的家庭农场？　/ 9
16. 养殖业类型的家庭农场的特点有哪些？　/ 9
17. 什么是种养结合类型的家庭农场？　/ 10
18. 种养结合类型家庭农场的特点有哪些？　/ 10
19. 什么是休闲观光类型的家庭农场？　/ 11
20. 依据家庭农场早期探索的模式不同，家庭农场可分为哪些模式？　/ 12
21. 不同模式家庭农场的特点、类型和保障措施有哪些？　/ 12
22. 家庭农场到哪里去登记注册？　/ 14

23. 国家鼓励发展家庭农场的基本原则体现在哪些方面？ / 14

24. 家庭农场流转的土地可以作为担保贷款吗？ / 15

25. 家庭农场可以申请建设仓储、库棚等用地吗？找哪些部门申报审批？ / 15

26. 家庭农场可以使用什么样的名称？ / 15

27. 家庭农场去哪里备案，需要提交什么材料？ / 16

28. 家庭农场备案流程是怎样的？ / 16

29. 家庭农场认定标准是什么？ / 17

30. 登记注册家庭农场需要提交哪些材料？ / 17

31. 家庭农场登记的经营场所一般是哪里？ / 18

32. 家庭农场登记注册流程是什么样的？ / 18

33. 家庭农场的土地经营权流转应当遵循哪些原则？ / 19

34. 家庭农场的土地经营权流转合同一般包括哪些条款？ / 19

35. 承包方什么情况下可以解除家庭农场承包的土地流转合同？ / 19

36. 家庭农场承包的土地，遵循的"三权"分置指的是哪"三权"？ / 20

37. 登记注册家庭农场是否收取费用？ / 20

38. 如何降低家庭农场经营风险？ / 20

39. 什么情况下会取消家庭农场的资格？ / 21

40. 国家对未来家庭农场发展目标的规划是什么？ / 21

41. 对家庭农场的未来发展，国家要求遵循什么原则？ / 21

42. 如何理解家庭农场中的生态农场？ / 22

# 第二篇 农民合作社篇 / 23

## 一、党支部领办合作社 / 24

1. 什么是党支部领办合作社？ / 24

2. 党支部领办合作社收益如何分配？ / 24

3. 股份制经济合作社与党支部领办合作社有什么区别？ / 25

4. 股份制经济合作社与党支部领办合作社有什么联系？ / 25
5. "党支部领办合作社"与"党支部 + 合作社"有何区别？ / 26
6. 党支部领办的合作社股份比例怎么分配？ / 26
7. 党支部领办的合作社通过什么方式增加村集体在合作社中的股份比例？ / 26
8. 党支部领办合作社，村集体以什么方式入股？ / 27
9. 党支部领办合作社中群众的入股方式有哪些？ / 27
10. 党支部领办合作社前期资金问题怎么解决？ / 27
11. 党支部领办的合作社，应如何把握"入社自愿、退社自由"？ / 28
12. 党支部领办合作社的经营模式有哪些？ / 28
13. 合作社有财政直接补助和他人捐助的财产怎么办？ / 29
14. 村集体如何盘活资源使合作社达到实体化？ / 29
15. 党支部领办合作社与企业资本合作的，如何保障村集体收入？ / 29
16. 党支部领办合作社如何成立联合社？ / 30

## 二、 农民专业合作社 / 31

1. 什么是农民专业合作社？ / 31
2. 农民专业合作社为谁服务？ / 31
3. 农民专业合作社为成员提供哪些服务？ / 31
4. 农民专业合作社应当遵循的原则有哪些？ / 31
5. 农民专业合作社成员对农民专业合作社承担什么样的责任？ / 32
6. 农民专业合作社成员以什么形式出资？ / 32
7. 农民专业合作社成员的出资原则是什么？ / 32
8. 农民专业合作社登记的类型是什么？ / 32
9. 农民专业合作社可以对外投资吗？承担什么样的法律责任？ / 32
10. 农民专业合作社需要报送年度报告吗？ / 32
11. 农民专业合作社办理登记是否收费？ / 33
12. 哪些人或单位可以成为农民专业合作社的成员？ / 33

13. 哪些人或单位不能成为农民专业合作社的成员？ / 33
14. 农民专业合作社可以加入农民专业合作社联合社吗？ / 33
15. 设立农民专业合作社应当具备哪些条件？ / 33
16. 农民专业合作社章程应当载明哪些事项？ / 34
17. 应该到哪个部门提交申请成立农民专业合作社？ / 34
18. 申请设立农民专业合作社，应当提供哪些文件？ / 34
19. 什么是农民专业合作社的公积金？ / 35
20. 农民专业合作社应该到哪里备案？ / 35
21. 农民专业合作社对加入的成员和企业比例有什么要求？ / 35
22. 农民专业合作社的"五证合一"，指的是哪"五证"？ / 36
23. 农民专业合作社的成员如何退出农民专业合作社？ / 36
24. 什么情况下农民专业合作社成员会被除名？ / 36
25. 农民专业合作社召开成员大会，出席人数要求多少？ / 37
26. 什么情况下农民专业合作社可以设立成员代表大会？ / 37
27. 一个人可以兼任多个农民专业合作社的理事长吗？ / 37
28. 农民专业合作社必须设立理事长吗？ / 37
29. 农民专业合作社的理事长和法人代表必须是同一个人吗？ / 37
30. 农民专业合作社在什么情况下会被吊销营业执照？ / 38
31. 农民专业合作社需要设立成员账户吗？如果设立都需要记载哪些内容？ / 38
32. 什么是农民专业合作社可分配盈余？ / 38
33. 农民专业合作社的可分配盈余如何分配？ / 38
34. 农民专业合作社的可分配盈余什么情况下可以不分配？ / 39
35. 农民专业合作社的公积金如何使用？ / 39
36. 一个成员可以加入多个农民专业合作社吗？ / 39
37. 什么情况下农民专业合作社可以解散？ / 39
38. 什么是农民专业合作社联合社？ / 39
39. 农民专业合作社联合社需要登记注册吗？ / 40

40. 农民专业合作社联合社的登记类型是什么？ / 40
41. 农民专业合作社联合社以什么形式对联合社的债务承担责任？成员承担什么责任？ / 40
42. 农民专业合作社联合社的理事长由谁担任？ / 40
43. 农民专业合作社联合社是否可以设立成员代表大会？ / 40
44. 农民专业合作社成员大会有哪些职权？ / 40
45. 农民专业合作社登记注册时，一般登记事项包括哪些？ / 41
46. 哪些不能作为农民专业合作社（或联合社）的成员出资？ / 41
47. 农民专业合作社的设立大会有哪些职权？ / 41
48. 农民专业合作社申请设立登记后，一般多长时间能够拿到营业执照？ / 42
49. 农民专业合作社如何聘任经理，其可以进行哪些工作？ / 42
50. 加入农民专业合作社后，可以享受哪些权利？应尽哪些义务？ / 42
51. 农民专业合作社的附加表决权数是怎么规定的？ / 43
52. 农民专业合作社能不能办公司？ / 43
53. 农民专业合作社办公司要注意坚持哪些原则？ / 43
54. 农民专业合作社产品的销售渠道有哪些？各有什么优缺点？ / 44
55. 农民专业合作社的资金筹集来源有哪些？ / 44
56. 农民专业合作社的财务方面一般设立哪些账目？ / 45
57. 农民专业合作社的资产一般有哪些方面？ / 45
58. 什么是农民专业合作社的固定资产？ / 45
59. 什么是农民专业合作社的农业资产？ / 45
60. 什么是农民专业合作社的文化？ / 46
61. 农民专业合作社的文化包括哪些方面？ / 46
62. 农民专业合作社成员账户主要记载哪些内容？ / 46
63. 国家财政直接补助形成的财产能否分配给农民专业合作社成员？ / 46
64. 什么是农民合作社的风险？ / 47
65. 农民合作社的风险有哪些？ / 47

66. 什么是农民合作社的技术风险？包括哪些方面？　/ 47

67. 什么是农民合作社的财务风险？　/ 47

68. 农民合作社的财务风险能够消除吗？　/ 48

69. 农民合作社的财务风险表现在哪些方面？　/ 48

70. 什么是农民合作社的道德风险？主要表现在哪些方面？　/ 48

71. 什么是农民合作社的市场风险？主要表现在哪些方面？　/ 48

72. 什么是农产品市场风险？　/ 48

73. 什么是农民合作社的自然风险？主要表现在哪些方面？　/ 49

74. 农民合作社应对风险的措施有哪些？　/ 49

75. 如何进行风险的财产转移？　/ 50

76. 如何进行风险的合同转移？　/ 50

77. 如何利用衍生性工具进行风险的转移？　/ 50

78. 农民合作社的会计要素包括哪些方面？　/ 50

79. 什么是农民合作社的资产？　/ 50

80. 什么是农民合作社的流动资产？　/ 51

81. 什么是农民合作社的非流动资产？　/ 51

82. 什么是农民合作社的应收款项？　/ 51

83. 农民合作社的存货包括哪些产品？　/ 51

84. 农民合作社的存货应当按照什么原则进行计价？　/ 51

85. 农民合作社的对外投资包括哪些方面？　/ 52

86. 农民合作社的对外投资按照什么原则进行计价？　/ 52

87. 农民合作社的生物资产包括哪些？　/ 52

88. 农民合作社的生物资产按照什么原则进行计价？　/ 53

89. 农民合作社的固定资产包括哪些？　/ 54

90. 农民合作社的固定资产按照什么原则进行计价？　/ 54

91. 农民合作社的无形资产包括哪些？　/ 55

92. 农民合作社的无形资产按照什么原则进行计价？　/ 55

93. 什么是农民合作社无形资产的账面价值？　/ 55

94. 什么是农民合作社的负债？ / 56

95. 什么是农民合作社的流动负债？流动负债包括哪些项目？ / 56

96. 什么是农民合作社的非流动负债？非流动负债包括哪些项目？ / 56

97. 农民合作社的应付款项包括哪些？ / 56

98. 什么是农民合作社的应付工资？ / 56

99. 什么是农民合作社的应付劳务费？ / 56

100. 什么是农民合作社的所有者权益？包括哪些项目？ / 57

101. 什么是农民合作社的生产成本？ / 57

102. 农民合作社直接组织生产产品的成本包括哪些方面？ / 57

103. 农民合作社的农产品生产成本包括哪些方面？ / 57

104. 农民合作社的工业产品生产成本包括哪些方面？ / 57

105. 农民合作社对外提供服务的成本包括哪些方面？ / 57

106. 什么是农民合作社的收入？包括哪些方面？ / 58

107. 农民合作社的经营收入包括哪些方面？ / 58

108. 农民合作社的其他收入包括哪些方面？ / 58

109. 什么是农民合作社的费用？包括哪些方面？ / 58

110. 农民合作社的经营支出包括哪些方面？ / 58

111. 农民合作社的税金及附加包括哪些方面？ / 59

112. 农民合作社的管理费用包括哪些方面？ / 59

113. 农民合作社的财务费用包括哪些方面？ / 59

114. 农民合作社的其他支出包括哪些方面？ / 59

115. 什么是农民合作社的盈余？ / 59

116. 如何计算农民合作社的盈余？ / 59

117. 什么是农民合作社的投资收益？ / 60

118. 农民合作社投资所取得的收益包括哪些方面？ / 60

119. 农民合作社投资损失包括哪些方面？ / 60

120. 农民合作社成员对合作社的债务承担怎样的责任？ / 60

121. 什么是农民合作社的财务报表？ / 60

122. 农民合作社的会计报表包括哪些内容？ / 61

123. 什么是农民合作社的资产负债表？ / 61

124. 什么是农民合作社的盈余及盈余分配表？ / 61

125. 什么是农民合作社的成员权益变动表？ / 61

126. 农民合作社是否应当为每个成员设立成员账户？为什么？ / 61

127. 什么是农民合作社的会计政策？ / 61

128. 什么是农民合作社的会计估计变更？ / 62

129. 农民合作社的会计差错包括哪些方面？ / 62

130. 农民合作社更正时采取的未来适用法是什么意思？ / 62

131. 什么是农民合作社资金筹集？ / 62

132. 什么是农民合作社权益资金筹集？ / 62

133. 什么是农民合作社债务资金筹集？ / 62

134. 农民合作社财产构成有哪些来源？ / 63

135. 农民合作社不能承担属于成员和经营管理者个人的哪些支出？ / 63

136. 农民合作社解散时财务如何清算？ / 63

137. 农民合作社什么情况下可以申请破产？ / 64

138. 在大会表决方式上，农民合作社与公司的区别是什么？ / 64

139. 农民合作社与企业的区别有哪些？ / 64

140. 什么是农民合作社的整合管理？ / 64

141. 什么是农民合作社的合并？合并的形式有哪些？ / 65

142. 什么是农民合作社的吸收合并？ / 65

143. 什么是农民合作社的新设合并？ / 65

144. 农民合作社合并的协议一般包括哪些内容？ / 65

145. 农民合作社合并时一般采取什么样的财务处理办法？ / 65

146. 什么是权益结合法？ / 66

147. 什么是农民合作社分立？分立的形式有哪些？ / 66

148. 什么是农民合作社的存续分立？ / 66

149. 什么是农民合作社的解散分立？ / 66

150. 如何加入或退出已经成立的农民专业合作社？ / 66

151. 农民合作社合并或分立的程序一般有哪些？ / 67

152. 农民合作社注册了，但是长时间没有经营，是否需要交税？ / 67

153. 农民合作社销售合作社成员自产自销的农产品，一般免征哪些税？ / 67

154. 农民专业合作社因解散和破产清算接受国家财政直接补助形成的财产如何处置？ / 67

附录一　家庭农场管理制度范本　/ 69

附录二　农民专业合作社示范章程　/ 74

附录三　农民专业合作社联合社示范章程　/ 87

附录四　中华人民共和国市场主体登记管理条例　/ 99

附录五　中华人民共和国农民专业合作社法　/ 114

附录六　农民专业合作社财务会计制度　/ 126

参考文献　/ 134

# 第一篇

# 家庭农场篇

## 1. 什么是家庭农场?

答:家庭农场是指以家庭成员为主要劳动力,从事农业规模化、集约化、商品化生产经营,并以农业为主要收入来源的新型农业经营主体。

 通俗说,家庭农场就是现代农业家庭经营组织形式之一,以农户家庭为基本组织单位,以市场为导向,专门从事适度规模的农林牧渔的生产、加工和销售等经营活动,实行自主经营、自负盈亏的农业经营主体。

## 2. 家庭农场可以雇工吗?

答:实际生产中,家庭农场是可以有雇工的。原则上,家庭农场没有长期雇工,可以有短期雇工。

家庭农场这样做的目的是节省家庭农场的工资成本,减少人员管理带来的支出,体现真正的家庭经营。

## 3. 家庭农场登记类型有哪些?

答:家庭农场可以选择登记的经济组织类型有:个体工商户、个人独资企业、合伙企业、公司(有限责任公司)等。登记不同的组织形式,在经营的过程中就要依据相应的法律法规来执行。具体如下。

| 登记类型 | 法律法规依据 |
| --- | --- |
| 个体工商户 | 《促进个体工商户发展条例》 |
| 个人独资企业 | 《中华人民共和国个人独资企业法》 |
| 合伙企业 | 《中华人民共和国合伙企业法》 |
| 公司(有限责任公司) | 《中华人民共和国公司法》 |

 家庭农场目前还没有独立的法律支撑,所以应根据登记注册的不同组织形式,在经营过程中遵照执行,享受相应的权利,承担相应的责任和义务。

## 4. 家庭农场对土地规模有要求吗?

**答**：申请登记的家庭农场应具备一定的土地经营规模，不同的省份要求略有不同，以当地农业（经管）部门规定的种植、养殖要求为准，举例如下。

| 家庭农场类型 | 规模要求 |
| --- | --- |
| 种植业 | 种植粮油作物面积达到50亩以上，水果面积50亩以上，茶园面积30亩以上，蔬菜面积30亩以上，食用菌面积达到1万平方米或10万袋以上 |
| 畜禽业 | 生猪年出栏1000头以上，肉牛年出栏100头以上，肉羊年出栏500头以上，家禽年出栏10000羽以上，家兔年出栏2000只以上 |
| 水产业 | 集中连片的养殖水面达到30亩以上，特种水产养殖面积达到10亩以上 |
| 林业 | 山林经营面积500亩以上，苗木花卉种植面积30亩以上，油茶种植面积80亩以上，中药材种植面积30亩以上 |
| 烟叶 | 种植面积达200亩以上 |
| 综合类 | 种养结合的综合性农场，应含种植业、畜禽业、水产业、林业、烟叶类型中的2种以上，并且每种类型达到相应规模的1/2以上 |
| | 旅游、特色种养、休闲观光为一体的综合性农场，面积10亩以上，餐饮住宿设施齐全 |

注：1亩≈667平方米。

 中华人民共和国农业农村部对于家庭农场的登记注册政策相对宽松，总的要求是因地制宜，不同的地区对土地面积的要求有所不同，各地方可以制定地方的规则，如东北三省人少地多，对于注册家庭农场就可以要求的土地面积相对较多，南方等地人均土地面积少，相应的要求土地面积就少一些。种植和养殖不能要求土地面积一样，同样是种植，大田作物和设施农业对家庭农场土地面积要求是有区别的，机械化程度也不同，所以要根据当地的实际情况制定政策。因此在登记注册家庭农场之前要提前到当地的农业（经管）部门去咨询。

## 5. 家庭农场有什么特征?

**答**：家庭农场有以下5个主要的特征，使其不同于农民合作社及龙头企业，同时也不等同于专业大户。

① 以家庭为生产经营单位：以家庭成员为主要劳动力，以家庭为基本核算单位。

② 以家庭成员为主要劳动力：可以有雇工，但是以临时雇工为主，规模较大的家庭农场可以有1～2个长期雇工。

③ 以农业收入为家庭全部或主要收入来源：长期专业化从事农业生产，且农业生产经营收入是家庭收入的主要来源，这是家庭农场与传统小规模农户本质的区别。

④ 家庭农场集约化、商品化水平相对较高，这是家庭农场的目标性特征。同时家庭农场可以采用标准化生产。

⑤ 以适度规模经营为基础：家庭农场的经营规模并非越大越好，经营规模与家庭成员的劳动能力应相匹配，确保既充分发挥全体成员的潜力，又能避免因雇工过多而降低劳动效率，并应平衡好土地产出率、劳动生产率和资源利用率。

不同类型的家庭农场基本具备以上5个特征，最终的目的是在保护生态环境的基础上能够使家庭农场获得最大的收益。

## 6. 家庭农场的出资方式有哪些？注册时需要验资吗？

答：家庭农场申请人可以以货币、实物、土地承包经营权、知识产权、股权、技术等多种形式出资。申请人根据生产规模和经营需要可以选择申请设立为个体工商户、个人独资企业、合伙企业和公司（有限责任公司）。

家庭农场注册时是否需要验资取决于注册类型，注册个体工商户，则对注册资本没有门槛要求，不需要验资，但个体工商户承担的是无限责任，而有限责任公司则要验资，以注资额为限，承担有限责任。

因为家庭农场登记注册的类型不同，因此是否需要验资是根据注册类型来定的，不可一概而论。无论是否验资，家庭农场都应该以实际情况上报，不可弄虚作假。

## 7. 依据家庭农场合作类型的不同，家庭农场可以有哪些模式？

答：依据合作类型的不同，家庭农场有以下四种模式："家庭农场＋合作社"模式、"家庭农场＋龙头企业"模式、"家庭农场＋合作社＋龙头企业"模式、"专业市场＋家庭农场"模式。

## 8. 什么是"家庭农场 + 合作社"模式？

答："家庭农场＋合作社"模式是一种以专业合作社为依托，将农业生产类型相同或相近的家庭农场集中在一起组成利益共同体，通过市场信息资源共享，农技农机统一安排使用，在农产品的产、供、销各个阶段，为社员提供包括资金、技术、生产资料、经销渠道等在内的社会化服务，实现农业产业化经营。这种模式使农业产业链得到充分延伸，最大限度地实现农民集体的共同利益。

> **知识链接**　这种模式有赖于专业合作经济组织的发展壮大，通过合作社组织的力量为家庭农场提供各种社会化服务。在家庭农场的基础上，大力发展农民合作社，可以充分发挥合作社"规模经济"与"聚集效应"的综合优势，获取单个小规模经营的家庭农场所没有的"合作收益"，为务农农民争取更多的经济收益。"家庭农场＋党支部领办合作社"将会同时发挥党支部的"组织优势"和"政治优势"。

## 9. 什么是"家庭农场 + 龙头企业"模式？

答："家庭农场＋龙头企业"模式是一种以家庭农场作为农业生产的一个单元，把家庭农场变为农业企业的生产车间，延伸企业的生产链条，即家庭农场与农业龙头企业结合起来，开展"订单生产"，使得农业生产的灵活性与农业龙头企业在资金、技术、管理上的优势结合起来，形成风险共担、利益共享的经济共同体，既可发挥家庭农场的规模优势，又能实现农业龙头企业的产业化效益。

> **知识链接**　这种模式对家庭农场和龙头企业双方都有好处。一方面，农业龙头企业作为一种农业生产的集约化组织，在农产品的收购、经销、加工及储存过程中发挥着很大的作用，不仅有利于节约企业的运行成本，在一定程度上还有利于杜绝原料生产及收购等环节上可能出现的投资风险，从而能够降低生产成本，保障企业获得稳定可靠的原材料供给来源，提高生产效率和经营管理水平。另一方面，家庭农场按照企业的要求进行生产，企业为家庭农场提供技术和服务，以

及生产过程中需要的生产资料,同时生产结束后产品由企业统一收购,农业经营者不用再寻找市场,降低交易成本,提高农产品的商品化率,实现家庭农场与龙头企业双赢的局面。

## 10. 什么是"家庭农场＋合作社＋龙头企业"模式?

答:在实际的生产经营过程中,为了获得更好的经济效益,家庭农场往往会充分利用合作社的集聚效应,以及龙头企业的市场优势,实现三者的有机结合,形成"家庭农场＋合作社＋龙头企业"模式。在实际的运营中以合作社作为家庭农场的发言人和谈判者,就农产品的收购价格与方式、时间及产品质量等与龙头企业达成协议,签订合同,保障家庭农场获得比较稳定的销路和收益。

**知识链接** 在这种模式下,合作社成为家庭农场的核心形式,作为家庭农场和企业的一个桥梁,更有利于家庭农场从合作社和所属企业中获得更多的利益。

## 11. 什么是"专业市场＋家庭农场"模式?

答:这种模式是以专业市场或专业交易中心为依托,形成商品流通中心、信息交流中心,带动区域专业化生产,实行产销一体化经营,从而扩大生产规模,形成产业优势,降低交易成本,提高运营效率和经济效益。其主要特点是,专业市场在农业生产经营过程中发挥枢纽作用,上连专业生产基地或家庭农场,下接广大消费者和客户,拓宽了家庭农场农产品流通渠道。建立专业市场使农产品有专门的销售场所,使客户有专门的进货渠道。专业市场与家庭农场直接沟通,以合同形式或联合体形式,将家庭农场纳入市场体系,以销定产,从而做到一个市场带动一个支柱产业,一个支柱产业带动千家万户,形成一个专业化区域经济发展带。此外,专业市场吸引了大量客户,带来了丰富的市场供求信息、技术信息,便于家庭农场主做出正确的决策。

**知识链接** 这种模式具有广阔的发展前景。目前,出现这种形式的地区,市场发育比较完善,竞争充分,农民素质较高,有能力把握市场动向和保护自己的合法权益,批发商无法左右市场。

**总结**：依据合作对象不同，家庭农场的合作模式如下。

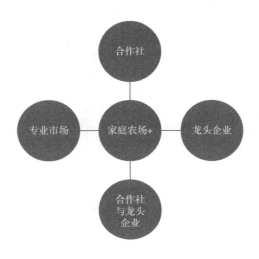

## 12. 依据家庭农场经营产业的不同，家庭农场有哪些类型？

答：依据家庭农场经营产业的不同，家庭农场可分为以下四种类型：种植业类型的家庭农场、养殖业类型的家庭农场、种养结合类型的家庭农场和休闲观光类型的家庭农场。

## 13. 什么是种植业类型的家庭农场？

答：种植业类型的家庭农场是指以种植各种农作物为主的家庭农场，是我国目前家庭农场的主体。家庭农场在发展过程，我们国家越来越注重粮食安全和粮食生产，具体又可分以下类型。

| 类型 | 产业 | 备注 |
| --- | --- | --- |
| 作物种植 | 粮食作物 | 如小麦、玉米、水稻、谷子、高粱、燕麦、大麦、红薯、马铃薯、大豆、绿豆、小豆等 |
| | 食用菌类 | 如木耳、蘑菇、银耳、猴头菇、竹荪、灵芝、虫草、牛肝菌、羊肚菌等 |
| | 经济作物 | 如棉花、菜籽、橡胶、咖啡、甘蔗等 |

续表

| 类型 | 产业 | 备注 |
|---|---|---|
| 作物种植 | 特种作物 | 特种稻（香稻、色稻）、特种玉米（甜玉米、高赖氨酸玉米）、特种纤维作物（木棉、芦苇）、特种油料作物（油茶、油橄榄、油棕）、特种蔬菜浆果（芦笋、山药、荸荠）、特种糖料作物（甜叶菊、甜茶）、特种香料植物（茴香、桂皮、薄荷）、色素作物（红花、姜黄）、药用植物（三七、天麻、枸杞、金银花）、能源作物（甜高粱）、植物胶作物（野生皂荚） |
| 园林种植 | 蔬菜种植 | 根菜类：萝卜、芥菜、牛蒡、甘薯等；<br>茎菜类：莴笋、茭白、竹笋、马铃薯、姜、莲藕、荸荠、洋葱、大蒜、百合、芋等；<br>叶菜类：小白菜、乌塌菜、苔菜、菠菜、苋菜、莴苣、茼蒿、芹菜、白菜、甘蓝、韭菜、大葱、茴香、芫荽等；<br>花菜类：金针菜、花椰菜、紫菜薹、芥蓝等；<br>果菜类：南瓜、黄瓜、冬瓜、丝瓜、苦瓜、佛手瓜、番茄、辣椒、茄子、菜豆、豇豆、豌豆、蚕豆、毛豆、菱角、秋葵、甜玉米等 |
| | 水果种植 | 核果类：桃、李、杏、樱桃、梅、橄榄等；<br>仁果类：苹果、梨、山楂等；<br>浆果类：葡萄、香蕉、草莓、猕猴桃、石榴、桑椹、龙眼、荔枝、火龙果、柿子、无花果、莲雾等；<br>柑果类：橘、柑、橙、柚、柠檬等；<br>坚果类：核桃、板栗、腰果、开心果、杏仁等 |
| | 茶叶种植 | 红茶、白茶、黄茶、绿茶、黑茶、青茶等 |
| | 林业种植 | 乔木类：银杏、桂花、紫薇、樱花、小叶榕、柳树、玉兰树、香樟、栾树、水杉、三角枫、红枫、紫檀、马尾松、柚木等；<br>灌木类：玫瑰、杜鹃、牡丹、黄杨、连翘、迎春、月季、荆、茉莉、沙柳、绣球、龙船花、女贞、冬青、石楠、枸杞、忍冬等 |
| | 花卉种植 | 露地花卉：凤仙花、鸡冠花、百日草、万寿菊、紫罗兰、羽衣甘蓝、睡莲、兰花、荷花、蕨类等；<br>温室花卉：菊、仙客来、朱顶红、马蹄莲、墨兰、仙人掌、猪笼草、瓶子草、凤梨、棕竹、一品红、睡莲等 |

## 14. 不同种植业类型家庭农场的特点有哪些？

答：不同种植业类型家庭农场的特点如下。

① 作物种植类：规模较大、专业化和机械化程度高，作物保质期相对较长、市场风险小、价格稳定，同时国家政策扶持力度也相对较大。

② 园林种植类：与作物种植类相比，规模相对较小，成本投入较大，技术要求高，用工多，机械化程度相对低，可以通过设施栽培，增加附加值，提高收益，但是市场风险也相对较大。

## 15. 什么是养殖业类型的家庭农场？

答：养殖业类型的家庭农场是指以养殖各种畜禽、水产及特种动物为主的家庭农场，具体类型如下。

| 类型 | 产业 | 示例 |
| --- | --- | --- |
| 畜禽养殖 | 家畜养殖类 | 牛、羊、马、驴、猪、兔等 |
| | 家禽养殖类 | 鸡、鸭、鹅、鸽子等 |
| 水产养殖 | 海水养殖类 | 贝类（扇贝、蛤、牡蛎、鲍鱼、海螺、蛤蜊等）、藻类（海带、紫菜、螺旋藻、裙带菜等）、甲壳类（虾、蟹）、鱼类（鲈鱼、多宝鱼、黄花鱼、黄鱼、比目鱼等）、其他海水产品（海肠、海星、海参、海蜇、海胆等） |
| | 淡水养殖类 | 甲壳类（虾、蟹）、鱼类（鲤鱼、鲫鱼、草鱼、鲢鱼等）、其他品种（观赏鱼、乌龟、娃娃鱼、田螺、河蚌等） |
| 特种养殖 | 特种禽养殖 | 鸵鸟、信鸽、山鸡、鸳鸯、鹧鸪、金丝雀等 |
| | 特种哺乳动物养殖 | 獭兔、竹鼠、狐狸、梅花鹿、麝香鼠、黑豚鼠等 |
| | 特种昆虫养殖 | 蚯蚓、黄粉虫、蝎子、土元、蚂蚁、蜗牛、蝇蛆等 |
| | 特种水生动物养殖 | 蟾蜍、中华鲟、青蛙、黄鳝、草龟等 |

## 16. 养殖业类型的家庭农场的特点有哪些？

答：无论哪种养殖业类型的家庭农场一般都具备以下特点。

① 前期资金投入大：养殖场的建设，幼崽或鱼虾苗的购买等前期的资金需求量大。

② 养殖期间风险大：如疫病防治一定要及时，一旦染病会给养殖户带来巨大损失。

③ 养殖期间污染重：养殖场的建设不能距离村庄等人类聚集区太近，

易造成空气污染和水污染,因此需采取生态养殖的方式以减少污染。

④ 市场波动风险大:养殖业产品受市场价格的影响较大,因此可通过购买保险或做订单式养殖将风险转移。

## 17. 什么是种养结合类型的家庭农场?

答:种养结合类型的家庭农场比较多,根据农场的实际情况进行自由的结合,可以有以下几种结合模式。

| 类型 | 产业 | 示例 |
| --- | --- | --- |
| 农牧结合模式 | 粮食作物与禽类结合 | 种植玉米+养鸡、种植玉米+养鹅 |
| | 粮食作物与畜类结合 | 种植玉米+养牛、种植水稻+养猪 |
| | 种草与养畜结合 | 种植苜蓿+养羊 |
| 林牧结合模式 | 林业种植与禽类 | 林下养鸡 |
| | 果树种植与禽类 | 桃树+养鸡、苹果树+养鸭 |
| | 林业种植与畜类 | 林下养兔 |
| | 果树种植与畜类 | 桃树+养羊 |
| 渔牧结合模式 | 水产类与畜类结合 | 养鱼+养羊 |
| | 水产与禽类结合 | 养鱼+养鸭 |
| 农渔结合模式 | 粮食与水产结合 | 稻虾种养、莲藕池养鱼 |
| 农林结合模式 | 林下种植 | 林下种植中草药 |
| 林业与特种养殖结合模式 | 林下养殖 | 柳树下养金蝉 |

## 18. 种养结合类型家庭农场的特点有哪些?

答:种养结合类型的家庭农场存在以下共同的特点。

① 经济效益高:种养结合可以充分利用各种资源,节约成本,提高经济效益。

② 生态效益好:种养结合可以采取循环模式,既可以减轻环境污染也可以变废为宝,改善土壤和生态环境。

③ 农产品质量好:种养结合减少了农药化肥的使用,减轻了农村大环境的污染,提高了农产品的质量。同时也能提升农产品的价格。

④ 抗风险能力强：种养结合的家庭农场跨越了种植和养殖两个行业，增强了市场竞争力，降低市场波动的风险。

⑤ 农场主自身要求高：种养结合的家庭农场要求农场主农业知识要全面，同时还要把种植业与养殖业的一些知识结合起来利用，才能起到增产增收的效果。

## 19. 什么是休闲观光类型的家庭农场？

答：休闲观光类型的家庭农场按照设计的主体不同，可以有以下不同的模式。

① 以农业风光为主体，可以发展为田园农业观光旅游、园林观光旅游和农业科技旅游等家庭农场。这种家庭农场以大田农业、林果或现代农业科技园区为重点，开发欣赏田园风光、观看农业生产活动、品尝和购置绿色食品，学习高新农业技术及智能温室等设施农业的相关知识，增长见识，可以边采摘边观景赏花，从而达到了解和体验农业的目的。

② 以体验为主体，可以发展为务农体验、农业科技教育基地、观光休闲教育农业园、少儿教育农业基地、水上乐园以及露营地等家庭农场。通过参加农业生产活动（种植、采摘、畜牧、饲养），让游客亲自体验农耕文化，感受乡土气息，或进行DIY教育活动，或进行运动游乐（人工冲浪，水上橡皮筏或者支起帐篷露营等活动），亲身体验家庭农场带来的快乐。同时可学到很多农业知识和技能，既能体验到"汗滴禾下土，粒粒皆辛苦"的艰辛，感受农民种粮的辛苦，进而懂得爱惜粮食，也能享受"采菊东篱下，悠然见南山"的意境。

③ 以文化为主体，可以发展为农耕文化、民俗文化、乡土文化、民族文化等家庭农场，用以挖掘当地的文化内涵。其可以利用农耕的技艺、农具、节气、加工农产品开展农业文化旅游；利用民宿的居住、服饰、礼仪、饮食、节令等可以开展民宿文化；利用民间歌舞技艺，戏剧表演开展乡土文化；利用风俗、习惯、村落和民族文化开设创意民宿文化。

④ 以农家乐为主体，可以发展为食宿接待、休闲娱乐、民俗文化、农业观光等家庭农场，利用古村落、民居住宅等现有的设施环境，为游客提供吃、住、玩等休闲旅游活动。

⑤ 以休闲度假为主体，可以发展为度假村、休闲农庄、乡村酒店等家

庭农场，利用山水、森林、温泉等优美的自然环境和独特的田园景观及丰富的生态农产品等为依托，为游客提供休闲度假旅游活动。

## 20. 依据家庭农场早期探索的模式不同，家庭农场可分为哪些模式？

**答**：自2013年中央一号文件提出"家庭农场"这个新型农业经营主体概念之后，全国各地涌现出不同模式的家庭农场，一般认为具有代表性的有以下五种模式：上海松江模式、浙江宁波模式、安徽郎溪模式、湖北武汉模式和吉林延边模式。

## 21. 不同模式家庭农场的特点、类型和保障措施有哪些？

**答**：不同模式家庭农场的特点、类型、保障措施和典型案例如下。

| 模式名称 | 特点 | 类型 | 保障措施 | 典型案例 |
|---|---|---|---|---|
| 上海松江模式 | 1. 家庭经营，规模适度，专业务农，集约生产 2. 多种形式发展，注重粮食生产，提高经济效益 3. 家庭农场与其他新型农业经营主体融合发展，注重利益联结，实现不同主体间优势互补 突出特点：家庭经营与互助相结合 | 1. 种养结合型 2. 机农结合型 3. 纯粮食种植型 | 1. 土地保障：土地流转管理细致规范 2. 服务保障：健全对家庭农场的配套服务体系；加大对家庭农场的财政金融扶持 3. 效益保障：政府补贴水平逐年提高 4. 经营保障：建立家庭农场经营者的准入、考核和退出机制 5. 组织保障：健全家庭农场经营者制度，政府监督管理有力 | 1. 腰泾种养结合家庭农场：种植水稻+养猪 2. 张小弟机农结合型家庭农场：拖拉机收割机+种植水稻 3. 沈万英家庭农场：种植水稻+小青菜 |

续表

| 模式名称 | 特点 | 类型 | 保障措施 | 典型案例 |
|---|---|---|---|---|
| 浙江宁波模式 | 1. 市场自发性强<br>2. 农场主综合能力强，管理水平高<br>3. 经营规模大，产业覆盖面广<br>4. 经营效益好，市场竞争力强<br>5. 发展速度快，区间发展不平衡<br>突出特点：典型的市场主导模式 | 1. 种植型家庭农场<br>2. 养殖型家庭农场<br>3. 种养结合型家庭农场<br>4. 休闲观光型家庭农场 | 1. 土地保障：规范土地流转，制定全省统一合同文本格式，规范管理<br>2. 制度保障：健全制度体系和登记办法<br>3. 示范引领：制定示范性家庭农场创建办法<br>4. 服务保障：成立家庭农场协会，制定担保办法，完善保险制度 | 1. 海曙龙观甬铭水蜜桃农场：种植水蜜桃<br>2. 鄞州红竹生态畜禽养殖场：养鸡<br>3. 衢州石昌家庭农场：养虾+种蔬菜+养鹅<br>4. 宁海长街欢乐佳田农场：观光+采摘 |
| 安徽郎溪模式 | 1. "三驾马车"：农民主体、政府扶持、协会帮助的特点<br>2. 市场引领家庭农场运营<br>3. 依赖"场市联动""场场联合"和"场企联合"进行家庭农场的可持续发展<br>4. 示范带动性强<br>突出特点：市场引导和政府支持相结合 | 1. 种植型家庭农场<br>2. 种养结合型家庭农场 | 1. 技术保障：政府组织家庭农场主进行培训<br>2. 资金保障：对示范家庭农场给予资金支持用于基础设施建设<br>3. 政策保障：制定家庭农场注册登记实施细则<br>4. 服务保障：开展农技干部帮扶指导，"一场一顾问"，开展社会化服务体系"五带一管" | 1. 钱晨农场：白茶种植<br>2. 梅渚紫金山农场：绿化林木种植+养鸭 |
| 湖北武汉模式 | 1. 发展快，分布广，经营类别多<br>2. 规模适度，符合因地制宜<br>3. 农场主素质高，多方重视培养新型职业农民<br>4. 逐步解决土地流转问题<br>突出特点：市场引导下自由发展 | 1. 种植型家庭农场<br>2. 水产养殖型家庭农场<br>3. 种养结合型家庭农场<br>4. 循环农业型家庭农场 | 1. 政策保障：统一布局规划，规范创建管理<br>2. 土地保障：规范土地流转<br>3. 技术保障：成立家庭农场协会，提供技术支持，培训青年农场主<br>4. 资金保障：保险补贴，资金扶持，设施用地扶持，融资担保抵押，惠农贷，涉农保证保险贷款，信贷风险补偿，费用补贴 | 1. 黄陂区祁家湾刘小丫家庭农场：火龙果种植<br>2. 蔡甸区龙一家庭农场：水产养殖<br>3. 方家农科家庭种养殖农场：水产养殖+果树、林木油茶种植 |

续表

| 模式名称 | 特点 | 类型 | 保障措施 | 典型案例 |
|---|---|---|---|---|
| 吉林延边模式 | 1. 土地收益有保障，贷款融资：延边州政府牵头，解决融资难问题<br>2. 土地面积大，产业覆盖面广<br>突出特点：政府主导模式 | 1. 种植型家庭农场<br>2. 养殖型家庭农场<br>3. 种养结合型家庭农场 | 1. 土地保障：家庭农场经有关部门许可，可以使用集体建设用地等生产经营用临时建筑物<br>2. 服务保障：贷款贴息，家庭农场享受农业财政补贴。比如农作物保险补贴、农机具购置补贴、税收优惠、直补贷款、他项权证贷款、抵押贷款、信用贷款、担保贷款、农场土地收益保证贷款 | 1. 和龙市头道镇明哲水稻种植家庭农场：水稻种植<br>2. 图们市兆成专业农场有限公司：生猪饲养<br>3. 和龙市光东村家庭农场稻田养鸭：水稻种植+养鸭 |

## 22. 家庭农场到哪里去登记注册？

答：家庭农场其经营场所或住所所在县、不设区的市级市场监督管理行政部门，以及市辖区市场监管分管部门负责家庭农场登记注册。市场监管部门按照自愿原则依法开展家庭农场登记，建立市场监管部门与农业农村工作部门家庭农场数据信息共享机制。

## 23. 国家鼓励发展家庭农场的基本原则体现在哪些方面？

答：国家鼓励发展家庭农场，要求坚持农户主体、规模适度、市场导向、因地制宜、示范引领五个方面的基本原则，其目的如下所述。

| 原则 | 目的 |
|---|---|
| 农户主体 | 坚持家庭经营在农村基本经营制度中的基础性地位，鼓励有长期稳定务农意愿的农户适度扩大经营规模，发展多种类型的家庭农场，开展多种形式合作与联合 |
| 规模适度 | 引导家庭农场根据产业特点和自身经营管理能力，实现最佳规模效益，防止片面追求土地等生产资料过度集中，防止"垒大户" |
| 市场导向 | 遵循家庭农场发展规律，充分发挥市场在推动家庭农场发展中的决定性作用，加强政府对家庭农场的引导和支持 |

续表

| 原则 | 目的 |
|---|---|
| 因地制宜 | 鼓励各地立足实际,确定发展重点,创新家庭农场发展思路,务求实效,不搞一刀切,不搞强迫命令 |
| 示范引领 | 发挥典型示范作用,以点带面,以示范促发展,总结推广不同类型家庭农场的示范典型,提升家庭农场发展质量 |

## 24. 家庭农场流转的土地可以作为担保贷款吗?

答:家庭农场流转的土地可以用作担保贷款。家庭农场通过流转取得的土地经营权,经承包方书面同意并向发包方备案,可以向金融机构融资担保,但是需要农业农村部牵头,人民银行、银保监会、林草局等参与。

## 25. 家庭农场可以申请建设仓储、库棚等用地吗?找哪些部门申报审批?

答:家庭农场可以申请建设仓储和库棚等用地。《关于实施家庭农场培育计划的指导意见》中指出,鼓励各地通过多种方式加大对家庭农场建设仓储、晾晒场、保鲜库、农机库棚等设施用地的支持,但是坚决查处违法违规在耕地上进行非农建设的行为。管理部门是自然资源部,农业农村部等参与。

## 26. 家庭农场可以使用什么样的名称?

答:家庭农场在申请的时候,对于名称使用的要求也较为严格,必须要做到符合规范,这样申请补贴或补助的时候才能审核通过。一般有下面几种名称使用的形式。

① 行政区划+字号+家庭农场,如山东济宁市兖州区 向阳花 家庭农场

② 行政区划+字号+行业+家庭农场,如辽宁省本溪县 凤驰 玉米种植 家庭农场

③ 行政区划+字号+家庭农场+有限(责任)公司组织形式,如浙江

省金华市 迷农 家庭农场 有限公司

④ 行政区划＋字号＋行业＋家庭农场＋有限（责任）公司组织形式，如广州 方卉 园艺 家庭农场 有限公司

## 27. 家庭农场去哪里备案，需要提交什么材料？

答：家庭农场经营者可以在设立、变更、注销登记后30日内，向登记地农业（经管）部门备案。向所在乡镇农经站或者农村工作局递交以下资料，由农经站上报农业部门备案。

① 家庭农场简介
② 户口簿、身份证复印件
③ 营业执照
④ 土地流转合同
⑤ 银行基本户开户许可证

## 28. 家庭农场备案流程是怎样的？

答：家庭农场备案流程图如下：

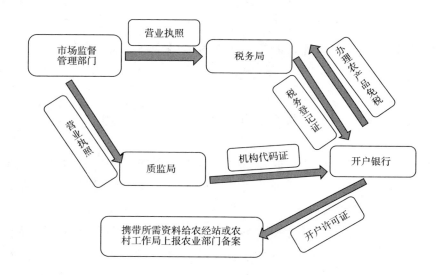

## 29. 家庭农场认定标准是什么？

答：由于我国幅员辽阔，各地区间差异比较大，因此农业农村部对家庭农场的认定没给出固定的办法，但是农业农村部制定了《农业部关于促进家庭农场发展的指导意见》，根据《指导意见》各个省或市制定出自己的认定办法，但是基本要求满足以下几个条件。

① 家庭农场经营者应当具有农村户籍或者具有农村土地承包经营权的自然人。

② 家庭农场年农业净收入占家庭总收入的80%以上，或为家庭主要收入来源。

③ 以家庭成员为主要劳动力。

④ 经营规模达到一定标准且相对集中和稳定，土地租期或承包期5年以上。

⑤ 取得市场监督管理部门登记注册的营业执照。

 2019年由11部门联合颁发的《关于实施家庭农场培育计划的指导意见》第十条明确表示，鼓励各类人才创办家庭农场，其中包括乡村本土能人、有返乡创业意愿和回报家乡愿望的外出农民工、优秀农村生源大中专毕业生及科技人员等人才。由此可见，对于家庭农场认定标准中的第一条"应当具有农村户籍"，有些省份是可以没有这样限制的。

## 30. 登记注册家庭农场需要提交哪些材料？

答：申请家庭农场认定须提供以下材料。

① 家庭农场认定申请表。

② 经营者户口簿、身份证原件及复印件。

③ 家庭成员身份证原件及复印件。

④ 农村土地承包经营权证书、土地流转合同（或协议）及公示材料。

⑤ 畜禽养殖者提供《动物防疫条件合格证》原件及复印件；水产养殖者提供《水域滩涂养殖证》原件及复印件，从事水产苗种生产的还需提供《苗种生产许可证》原件及复印件。

⑥ 国家规定需取得职业资格许可的岗位，应提供相应的职业资格证书原件和复印件。

⑦ 其他证明材料。

### 31. 家庭农场登记的经营场所一般是哪里？

答：家庭农场登记的经营场所一般是经营者的家庭住址或者种养殖所在的村地址。

### 32. 家庭农场登记注册流程是什么样的？

答：家庭农场登记注册流程图如下。

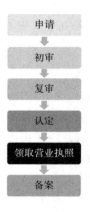

第一步，申请。对于符合认定条件的农户，可以向家庭农场所在的村（社区）提出家庭农场申请，需要的材料有家庭农场认定申请书、土地承包或流转相关证明及复印件、家庭农场经营者资格证明和户口簿及复印件、从业人员身份证及复印件。

第二步，初审。村（社区）对申报材料和申请农户进行初审，并对符合条件的进行公示，无异议之后在《家庭农场认定申请书》上签署意见报给乡（镇）政府。

第三步，复审。镇（街道）农村工作部门对申报材料进行复审，提出复审意见，并将材料报送市（县）、区农村工作部门（农委）。

第四步，认定。市（县）、区农村工作部门根据报送材料进行认定，对认定合格的家庭农场进行登记、建档，并颁发《家庭农场证书》。

第五步，领取营业执照。由市场监管部门颁发家庭农场营业执照。

第六步，备案。根据备案程序进行家庭农场备案。

## 33. 家庭农场的土地经营权流转应当遵循哪些原则？

答：家庭农场的土地经营权流转也应该遵循土地法规定的以下原则。
① 依法、自愿、有偿，任何组织和个人不得强迫或者阻碍土地经营权流转。
② 不得改变土地所有权的性质和土地的农业用途，不得破坏农业综合生产能力和农业生态环境。
③ 流转期限不得超过承包期的剩余期限。
④ 受让方须有农业经营能力或者资质。
⑤ 在同等条件下，本集体经济组织成员享有优先权。

## 34. 家庭农场的土地经营权流转合同一般包括哪些条款？

答：家庭农场的土地经营权流转合同主要包括以下几项条款。
① 双方当事人的姓名、住所。
② 流转土地的名称、坐落、面积、质量等级。
③ 流转期限和起止日期。
④ 流转土地的用途。
⑤ 双方当事人的权利和义务。
⑥ 流转价款及支付方式。
⑦ 土地被依法征收、征用、占用时有关补偿费的归属。
⑧ 违约责任。
另外，承包方将土地交由他人代耕不超过一年的，可以不签订书面合同。

## 35. 承包方什么情况下可以解除家庭农场承包的土地流转合同？

答：一般情况下，承包方不得单方解除土地经营权流转合同，但受让方有下列情形之一的除外。
① 擅自改变土地的农业用途。
② 弃耕抛荒连续两年以上。
③ 给土地造成严重损害或者严重破坏土地生态环境。
④ 其他严重违约行为。

## 36. 家庭农场承包的土地，遵循的"三权"分置指的是哪"三权"？

答：在坚持土地所有权归属村集体经济组织的前提下，土地承包经营权分为承包权和经营权，实行承包权和经营权分置并行，实现土地所有权、承包权、经营权"三权"分置。家庭农场承包的土地同样遵循这种"三权"分置的方式。

## 37. 登记注册家庭农场是否收取费用？

答：我国对家庭农场认定实行"三免"手续，即免收认定费，免收证书工本费，免交验资报告和资产评估报告。

## 38. 如何降低家庭农场经营风险？

答：一般家庭农场可以从以下几个方面降低其经营风险：做好规划，防患未然；开展多种经营，分散风险；投入农业保险，转移风险；加入合作社，降低市场风险。

**知识链接**

① 做家庭农场规划的目的：防患于未然。按照规划实施操作，不能想怎么做就怎么做。所以做家庭农场一定要把各种风险因素考虑周全，在项目的策划、规划、设计及运筹方面，必须有充分的考量论证。

② 开展多种经营的目的：分散风险。家庭农场经营的项目可以有主业和辅业之分，主辅结合，以主代辅，协调发展。例如以种植为主的产业，可以考虑在种植的基础上做简单加工，加工业作为辅助产业，在增加主产业附加值的同时又能降低市场风险。

③ 投入农业保险的目的：转移风险。我国的农业保险是专为农业生产者在从事种植业、林业、畜牧业和渔业生产过程中，对遭受自然灾害、意外事故、疫病、疾病等保险事故所造成的经济损失提供保障的一种保险，开办的险种也很多，可以根据需要到相关保险部门进行办理。

④ 加入合作社的目的：降低市场风险，降低生产成本，提高市场竞争力，提升产品价格。家庭农场可以加入农民专业合作社、党支部领办的合作社或者是农业行业协会，联合起来经营，一方面可以降低生产成本，另一方面可以提高农产品的市场竞争力，降低市场风险，增加家庭农场收益机会。

## 39. 什么情况下会取消家庭农场的资格？

答：已经被注册登记的家庭农场，如果存在以下行为将会被取消家庭农场资格。
① 提供虚假材料或存在舞弊行为的。
② 发生违反国家产业政策或违法违纪行为的。
③ 发生较大生产安全问题，或其他严重问题的。
④ 流转土地到期，没有续签流转合同（协议）的。
⑤ 因生产经营不善，不再符合认定条件的。
⑥ 家庭农场经营者更换，没有办理更换手续的。
一旦被取消家庭农场资格，在三年内不得再次申报。

## 40. 国家对未来家庭农场发展目标的规划是什么？

答：国家对家庭农场未来的发展目标规划是到2025年，通过科学评价、跟踪监测和指导服务，在全国建设1000家国家级生态农场，带动各省建设10000家地方生态农场，遴选培育一批现代高效生态农业市场主体，推广一批生态农业建设技术模式，构建一套生态农业发展扶持政策，持续增加绿色优质农产品供给，不断提高农业质量效益和竞争力，让生态农场建设成为推动农业生产"三品一标"的重要平台和有力抓手。

## 41. 对家庭农场的未来发展，国家要求遵循什么原则？

答：对于我国家庭农场的未来发展，要求遵循四个原则，具体内容如下。

| 序号 | 坚持原则 | 具体内容 |
| --- | --- | --- |
| 1 | 现代农业发展方向 | 加快新技术新产品新装备推广应用，用现代生产要素改造传统农业，推进质量兴农、绿色兴农、品牌强农，全面提高农业质量效益和竞争力 |
| 2 | 绿色循环低碳 | 突出农业绿色特点，坚持生态优先、绿色发展，走资源节约、环境友好的可持续发展道路，形成绿色生产方式，促进生产生活生态相协调 |

续表

| 序号 | 坚持原则 | 具体内容 |
|---|---|---|
| 3 | 市场主导、政府引导 | 充分发挥龙头企业、合作社、家庭农场等市场主体在生态农场建设中的主导作用，积极发挥政府在规划指导、政策支持、市场监督、技术服务等方面的引导作用 |
| 4 | 因地制宜、突出特色 | 立足各地不同的资源禀赋和功能定位，因地制宜探索生态农场建设模式和路径，形成各具特色的生态农业建设企业品牌、产品品牌 |

## 42. 如何理解家庭农场中的生态农场？

答：所谓生态农场就是指依据生态学原理，遵循整体、协调、循环、再生、多样原则，通过整体设计和合理建设，获得最大可持续产量，同时实现资源匹配、环境友好、食品安全的农业生产经营主体。

发展生态农场的目的是通过产地绿色、产品优质、产出高效的生态农场，推广生态农业技术，培育生态农业市场主体，生产绿色生态农产品，探索构建农业生态补偿机制，加快农业绿色转型。

# 第二篇　农民合作社篇

# 一、党支部领办合作社

## 1. 什么是党支部领办合作社？

答：目前，受《农民专业合作社法》"具有管理公共事务职能的单位不得加入农民专业合作社"的规定限制，村党支部本身不是法人，不能直接成为农民专业合作社成员，其领办农民专业合作社的基本做法是由党支部成员代表村集体，以个人名义联合5人以上注册成立有法人资格的合作社（完成集体产权制度改革的村，新成立的股份经济合作社可代表村集体入股；未完成集体产权制度改革的村，村党支部成员个人代表村集体入股，需要签订委托代理协议），村集体以土地、资金或其他固定资产入股，群众以土地、资金、劳动力等入股，明晰村集体与入社群众股权。

例如，烟台模式要求集体持股比例原则上不低于10%，单个成员持股比例原则上不超过20%，发展初期个别成员占股较多的，可随着合作社发展，在不损害集体和成员利益的前提下，通过转让股份、增资扩股等方式逐步降低占股比例。村党支部领办合作社应采取土地置换、股权赠与等方式，尽量吸收贫困户、孤寡老人等弱势群体入社。党支部领办合作社与社会资本、企业等合作时，原则上村集体和群众所占股份要超过50%，确保党支部领办的属性。通过发展适度规模经营、提供集约化服务，实现村集体增收和农民致富双赢。

**知识链接** 从性质上来说党支部领办合作社登记注册的还是××专业合作社，按照《农民专业合作社法》的要求登记注册。法定代表人为党支部书记或成员，一般为党支部书记。合作社形式为党支部领办，对集体增收有好处，可实现群众共同富裕，经营内容没有限制。党支部领办合作社应具备两个关键点：一是法定代表人必须是党支部成员，二是村集体必须持有股份。

## 2. 党支部领办合作社收益如何分配？

答：合作社收益分配主要分为村集体、入社群众、合作社自留资金三部分。其中，合作社自留资金主要是通过设立公益金、公积金等用于发展村内公益事业和合作社自身发展壮大。除去合作社自留资金后的收益，村集体和入社群众按照股份比例进行分配。

知识链接 合作社盈余分配为：①按约定比例计提盈余公益金，用于成员技术培训、教育文化、福利事业和生活上互助互济。
②按约定比例计提盈余公积金，用于发展生产、可转增资本和弥补亏损。
③提取风险基金，按照章程或社员代表大会规定的比例提取，用于以丰补欠。
④村集体所得，按章程规定比例提取，用作村集体收入。
⑤合作社的盈余经过上述分配后的余额，按照交易量（额）向社员返还，返还的比例不低于60%。

## 3. 股份制经济合作社与党支部领办合作社有什么区别？

答：股份制经济合作社与党支部领办合作社的主要区别如下。

| 类型 | 区别 | | | |
| --- | --- | --- | --- | --- |
| | 成员不同 | 资产所有权主体不同 | 成立数量不同 | 资产占有程度不同 |
| 股份制经济合作社 | 包括全体村民，且仅限于本村村民。具有排他性 | 集体资产管理的主体，是特殊的经济组织 | 一个村只能成立一个 | 本村村民不需要出资，村民平均享有股份，人人平等 |
| 党支部领办合作社 | 仅限于加入合作社的村民，不局限于本村群众，成员可以跨村，不受行政区域限制。具有开放性 | 村党支部主导，农民在自愿的基础上联合成立的互助性经济组织，资产归属村集体经济组织和入社成员共有 | 一个村可以成立多个 | 按照出资多少来确定的，出资额大的股份多，出资额小的股份少 |

## 4. 股份制经济合作社与党支部领办合作社有什么联系？

答：简单说，股份经济合作社可以代表集体加入村党支部领办的合作社，作为集体股的出资人。

村股份经济合作社是集体所有制性质的经济组织，代表集体经济组织成员的利益，具有发展集体经济的重要职责。村党支部领办合作社是发展集体经济、为村股份经济合作社增加集体收入的重要途径和实现形式。在具体操作过程中，作为集体经济的组织母体，村股份经济合作社可以代表村集体出资，以集体资产入股到党支部领办的农民合作社中，作为集体股份获取收入，其收入应当为集体经济组织全体成员所有，从而实现村集体资产保值增值。

## 5. "党支部领办合作社"与"党支部＋合作社"有何区别？

**答**：党支部领办合作社，体现的是党支部的主导作用。由党支部发起成立的农民专业合作社，理事长一定是党支部成员，村集体经济在合作社中要占有股份，且以党支部的名义组织群众入社，带领群众上项目、跑市场，共走富裕路。同时，合作社经营、分红权牢牢掌握在党支部的手中，在集体增收的同时，也要保障群众利益最大化。

"党支部＋合作社"主要是指在已成立的农民合作社中，符合条件的要建党组织，体现的是党的组织和工作覆盖，不直接承担经营管理职责。对谁担任理事长，村集体经济是否占有股份不做任何要求。

## 6. 党支部领办的合作社股份比例怎么分配？

**答**：一定要严格界定合作社各类资产的权属关系，明确村集体、社员和其他各类投资主体的股权与职责，经全体成员（代表）大会批准后予以实施。

村集体原则上以农村集体产权制度改革中成立的股份经济合作社入股，占股不得低于10％，没有完成产权制度改革的村，可暂时委托村党支部成员代理，待产权制度改革完成后及时变更相关信息；成员个人出资比例原则上不超过20％；公司、企业等投资主体直接或间接加入合作社的，原则上占股不超过50％。各级财政补助、部门帮扶、村级运转经费结余或个人捐赠等资金，可作为集体资产入股合作社，根据所占项目总投资比例折成股权，单独核算收益，净收益作为集体经济收入纳入村级财务账户。

**特别说明**：在解散、破产清算时，各级财政补助、部门帮扶、村级运转经费结余或个人捐赠等资金不得作为可分配剩余资产分配给成员。

## 7. 党支部领办的合作社通过什么方式增加村集体在合作社中的股份比例？

**答**：对于部分集体经济空壳村、薄弱村，村集体无货币出资入股合作社的，可通过开垦荒地、平整土地、清淤填地、盘活闲置土地等方式把多余出的土地作为集体资产入股合作社，也可通过现有土地升级改造来提高村集体在合作社中的股份比例。

## 8. 党支部领办合作社，村集体以什么方式入股？

答：党支部领办合作社，村集体可以如下单一或组合方式入股，但是不局限于这些入股方式。

| 序号 | 村集体入股方式 |
| --- | --- |
| 1 | 土地入股 |
| 2 | 村集体资产入股 |
| 3 | 村集体资金入股 |
| 4 | 土地＋村集体资产入股 |
| 5 | 上级帮扶资金＋村集体资金入股 |
| 6 | 上级扶持资金＋土地入股 |
| 7 | 管理服务入股 |
| 8 | 土地＋管理服务入股 |
| 9 | 村集体资产＋管理服务入股 |
| 10 | 村集体资金＋管理服务入股 |

## 9. 党支部领办合作社中群众的入股方式有哪些？

答：根据《农民专业合作社法》规定，合作社成员可以用货币出资，也可以用实物、知识产权、土地经营权、林权等可以用货币估价并可以依法转让的非货币财产，以及章程规定的其他方式作价出资。从党支部领办合作社的实际情况来看，群众多以土地、资金、劳动力、实物作价等入股。

## 10. 党支部领办合作社前期资金问题怎么解决？

答：从目前党支部领办合作社经验来看，一般采取以下单一或组合方式解决合作社前期资金不足的问题。

① 村集体出资

② 吸收社员资金

③ 上级扶持资金

④ 引入第三方投资

⑤ 村干部垫资

⑥ 信贷融资

⑦ 设立奖补"资金池"

## 11. 党支部领办的合作社，应如何把握"入社自愿、退社自由"？

答：《农民专业合作社法》规定，合作社原则之一是社员"入社自愿、退社自由"，党支部领办合作社也同样遵循这一原则。具体把握如下。

所谓"入社自愿"，就是不搞强制性入社，充分尊重群众意愿，不设定100%入社的指标，而是充分发挥党支部组织群众、宣传群众、凝聚群众、服务群众的职责，以深入细致的思想政治工作和看得见的利益，吸引群众自觉加入党支部领办的合作社。

所谓"退社自由"，就是社员可以按照自己的意愿退出合作社，并依法办理相关的财产交割，但需要明确一个原则，就是"自由"不是随心所欲，而是有约束条件的，应当以不损害集体和其他社员利益为前提条件。

烟台经验表明，对于对没有进行土地流转的服务型合作社，社员可以随时退社，但对于那些已经流转了土地，村党支部进行了连片整治、改良了土壤、更新了品种、新上了水肥一体化等设施，这个时候退社要有约束条件，不能想退就退，可以采取土地置换等方式，为退社社员在合作社成方连片流转的土地之外，另外提供土地资源。

## 12. 党支部领办合作社的经营模式有哪些？

答：党支部领办合作社的经营模式主要有村集体独立自主经营、村集体与企业合作经营、对外承包经营、"统—分—统"四种。

所谓"统—分—统"的模式，烟台经验是在发展初期，由合作社统一规划，进行土地平整、道路建设、水肥一体化等。合作社经营一年后，将地块划分区域，对外承包经营。土地经营过程中，由合作社统一提供农资、灌溉、施肥等配套服务，适当收取服务费。

## 13. 合作社有财政直接补助和他人捐助的财产怎么办？

答：农民专业合作社接受的国家财政直接补助和他人捐赠形成的财产一般属于本社所有，每年盈余分配时要根据当年成员数量（每年都有可能变化）平均量化出一个数额，加入每个成员按资分配的份额构成中，作为享受按资分配的依据，并不能将这些补助和捐赠形成的财产平均分配给每个成员所有。当某个成员的成员资格终止后，原来平均量化到该成员名下的国家财政直接补助和他人捐赠形成的财产份额，将随其成员资格的终止而归零，其相应份额由其余在社的全体成员重新平均量化。党支部领办合作社不同于个人领办合作社，其中有村集体占股。党支部领办合作社接受国家财政直接补助和他人捐赠形成的财产，村集体作为成员可以享受份额增加集体占股。

## 14. 村集体如何盘活资源使合作社达到实体化？

答：合作社既要有牌子，更要有实际经营活动，不能成为"空壳社""僵尸社"。一是加快推进农村土地承包经营权、林权、集体土地所有权、集体建设用地使用权、房屋所有权、小型水利工程产权、农村集体财产权等农村各类产权测量、评估、确认，以及农村产权颁证成果运用，建成交易平台，引导农村产权规范流转交易。二是鼓励群众以土地、资金、劳动力、地上附着物等入股党支部领办合作社，拓宽产业链，把"资源变资产、资金变股金、农民变股东"，并为具备劳动能力的贫困户在合作社提供就业岗位。三是支持党支部领办合作社，立足市场需求，在合作社内部积极组建特色农业生产协会、运输协会、建筑协会、妇女创业协会、红白喜事协会、劳务协会等专业组织，引导群众结合自身实际自愿加入，成为合作社下属专业组织员工，推动合作社多业态发展。四是支持合作社承建和参建农业生产基础设施、农村社会事业发展等项目，部门和乡镇（街道）在实施投资金额小的涉农项目时，可采取"一事一议"方式，向合作社倾斜。

## 15. 党支部领办合作社与企业资本合作的，如何保障村集体收入？

答：党支部领办合作社后，在上级党委的指导下与相关企业合作，通过注入企业资本,帮助党支部解决合作社前期投入资金大的问题。在与企业合作过程中,部分村同企业签订定向销售协议、价格保护协议,或将土地交由企业进行标准化种植、规范化管理,并对产品统一包装销售,提高产品附加值,通过定向种植销售,企业销售返利等有效保障村集体获得稳定收入。

### 16. 党支部领办合作社如何成立联合社?

**答:** 三个以上的党支部领办合作社在自愿的基础上,可以出资设立农民专业合作社联合社。农民专业合作社联合社应当有自己的名称、组织机构和住所,由联合社全体成员制定并承认的章程,以及符合章程规定的成员出资。农民专业合作社联合社依照《农民专业合作社法》登记,取得法人资格,领取营业执照,登记类型为农民专业合作社联合社。

# 二、农民专业合作社

## 1. 什么是农民专业合作社?

答:2018年7月1日实施的《农民专业合作社法》定义农民专业合作社是在农村家庭承包经营基础上,农产品的生产经营者或者农业生产经营服务的提供者、利用者,自愿联合、民主管理的互助性经济组织。农民专业合作社也称为农民合作社。

## 2. 农民专业合作社为谁服务?

答:农民专业合作社以其成员为主要服务对象,也就是合作社是为其入社的成员提供服务的,不是为所有村民提供服务的。

## 3. 农民专业合作社为成员提供哪些服务?

答:农民专业合作社为其成员可以提供以下服务。也可以理解为合作社可以开展的业务。
① 农业生产资料的购买、使用。
② 农产品的生产、销售、加工、运输、储藏及其他相关服务。
③ 农村民间工艺及制品、休闲农业和乡村旅游资源的开发经营等。
④ 与农业生产经营有关的技术、信息、设施建设运营服务。

## 4. 农民专业合作社应当遵循的原则有哪些?

答:农民专业合作社应当遵循下列原则。
① 成员以农民为主体。
② 以服务成员为宗旨,谋求全体成员的共同利益。
③ 入社自愿、退社自由。
④ 成员地位平等,实行民主管理。
⑤ 盈余主要按照成员与农民专业合作社的交易量(额)比例返还。

### 5. 农民专业合作社成员对农民专业合作社承担什么样的责任?

答:农民专业合作社成员以其账户内记载的出资额和公积金份额为限对农民专业合作社承担有限责任。

### 6. 农民专业合作社成员以什么形式出资?

答:农民专业合作社成员可以用货币出资,也可以用实物、知识产权、土地经营权、林权等可以用货币估价并可以依法转让的非货币财产,以及章程规定的其他方式作价出资。

### 7. 农民专业合作社成员的出资原则是什么?

答:农民专业合作社成员不得以对该社或者其他成员的债权充抵出资;不得以缴纳的出资,抵销对该社或者其他成员的债务。法律、行政法规规定不得作为出资的财产则不能作为合作社成员的出资。

### 8. 农民专业合作社登记的类型是什么?

答:农民专业合作社登记的类型只有一种,就是农民专业合作社。

### 9. 农民专业合作社可以对外投资吗?承担什么样的法律责任?

答:农民专业合作社可以依法向公司等企业投资,以其出资额为限对所投资企业承担责任。

### 10. 农民专业合作社需要报送年度报告吗?

答:农民专业合作社应当按照国家有关规定,向登记机关报送年度报告,并向社会公示。

## 11. 农民专业合作社办理登记是否收费？

答：农民专业合作社登记办法由国务院规定。办理登记不得收取费用。

## 12. 哪些人或单位可以成为农民专业合作社的成员？

答：能加入农民合作社的个人和单位有以下几种。
① 具有民事行为能力的公民可以成为农民专业合作社成员。
② 从事与农民专业合作社业务直接有关的生产经营活动的企业、事业单位或者社会组织，能够利用农民专业合作社提供的服务，承认并遵守农民专业合作社章程，履行章程规定的入社手续的可以成为农民专业合作社成员。

## 13. 哪些人或单位不能成为农民专业合作社的成员？

答：不能加入农民合作社的个人和单位有以下几种。
① 不具有民事行为能力的公民不可以成为农民专业合作社的成员。
② 具有公共管理事务职能的单位不能成为农民专业合作社的成员。
③ 虽然《农民专业合作社法》没有规定，但是其他法律规定不能成为农民专业合作社成员的也不能加入农民专业合作社。

## 14. 农民专业合作社可以加入农民专业合作社联合社吗？

答：农民专业合作社为扩大生产经营和服务的规模，发展产业化经营，提高市场竞争力，可以依法自愿设立或者加入农民专业合作社联合社。

## 15. 设立农民专业合作社应当具备哪些条件？

答：设立农民专业合作社应当具备以下条件。
① 有五名以上具有民事行为能力的公民和从事与农民专业合作社业务直接有关的生产经营活动的企业、事业单位或者社会组织，能够利用农民专业合作社提供的服务，承认并遵守农民专业合作社章程，履行章程规定的入社手续。

② 有符合《农民专业合作社法》规定的章程。
③ 有符合《农民专业合作社法》规定的组织机构。
④ 有符合法律、行政法规规定的名称和章程确定的住所。
⑤ 有符合章程规定的成员出资。

### 16. 农民专业合作社章程应当载明哪些事项?

答：农民专业合作社章程应当载明以下事项。
① 名称和住所
② 业务范围
③ 成员资格及入社、退社和除名
④ 成员的权利和义务
⑤ 组织机构及其产生办法、职权、任期、议事规则
⑥ 成员的出资方式、出资额，成员出资的转让、继承、担保
⑦ 财务管理和盈余分配、亏损处理
⑧ 章程修改程序
⑨ 解散事由和清算办法
⑩ 公告事项及发布方式
⑪ 附加表决权的设立、行使方式和行使范围
⑫ 需要载明的其他事项

### 17. 应该到哪个部门提交申请成立农民专业合作社?

答：申请成立农民专业合作社应该到市场监督管理部门（原工商行政管理部门）提交材料。
国务院市场监督管理部门主管全国市场主体登记管理工作。
县级以上地方人民政府市场监督管理部门主管本辖区市场主体登记管理工作。

### 18. 申请设立农民专业合作社，应当提供哪些文件?

答：申请设立农民专业合作社，应当提供以下文件。

① 登记申请书
② 全体设立人签名、盖章的设立大会纪要
③ 全体设立人签名、盖章的章程
④ 法定代表人、理事的任职文件及身份证明
⑤ 出资成员签名、盖章的出资清单
⑥ 住所使用证明
⑦ 法律、行政法规规定的其他文件

## 19. 什么是农民专业合作社的公积金？

答：农民专业合作社公积金是指合作社从当年盈余中提取的用于扩大生产经营、弥补亏损或者转为成员出资的资金。

农民专业合作社可以按照章程规定或者成员大会决议从当年盈余中提取公积金。公积金用于弥补亏损、扩大生产经营或者转为成员出资。

每年提取的公积金按照章程规定量化为每个成员的份额。

**知识链接** 农民专业合作社是否需要提前公积金，提前多少，由该合作社的章程或者成员大会决定，并不是强制性的统一规定。合作社当年有盈余，即合作社的收入在扣除各种费用之后还能有剩余时，可以提取公积金。公积金本质上是属于合作社的成员所有，因此必须量化到每一个成员的账户，公积金的量化标准可以按照成员与合作社的交易量（交易额），也可以按照成员出资额为标准，还可以按照出资额和交易量混合量化为标准，登记在社员证上，一旦社员退社，可以退还记载在该社员账户内的公积金份额。

## 20. 农民专业合作社应该到哪里备案？

答：登记机关应当将农民专业合作社的登记信息通报同级农业等有关部门，原则上不用个人备案。

## 21. 农民专业合作社对加入的成员和企业比例有什么要求？

答：《农民专业合作社法》规定：农民专业合作社的成员中，农民至少应当占成员总数的百分之八十。成员总数二十人以下的，可以有一个企业、

事业单位或者社会组织成员；成员总数超过二十人的，企业、事业单位和社会组织成员不得超过成员总数的百分之五。

## 22. 农民专业合作社的"五证合一"，指的是哪"五证"？

答：农民专业合作社"五证合一"登记制度的"五证"是指营业执照、组织机构代码证、税务登记证、社会保险登记证和统计登记证。

① 营业执照，是由工商行政管理机关发给工商企业、个体经营者的准许从事某项生产经营活动的凭证。

② 组织机构代码证，是各类组织机构在社会经济活动中的通行证。组织机构代码是对中华人民共和国境内依法注册、依法登记的机关，企、事业单位，社会团体和民办非企业单位颁发一个在全国范围内唯一的、始终不变的代码标志。

③ 税务登记证，是从事生产、经营的纳税人向生产、经营地或者纳税义务发生地的主管税务机关申报办理税务登记时，所颁发的登记凭证。

④ 社会保险登记证，是社会保险费征缴的前提和基础，也是整个社会保险制度得以建立的基础。县级以上劳动保障行政部门的社会保险经办机构主管社会保险登记。

⑤ 统计登记证，是统计部门颁发的，用于报送统计数据的证书。如果没有统计登记证，理论上是不能报送统计数据的。

## 23. 农民专业合作社的成员如何退出农民专业合作社？

答：农民专业合作社成员要求退社的，应当在会计年度终了的三个月前向理事长或者理事会提出书面申请；其中，企业、事业单位或者社会组织成员退社，应当在会计年度终了的六个月前提出；章程另有规定的，从其规定。退社成员的成员资格自会计年度终了时终止。

## 24. 什么情况下农民专业合作社成员会被除名？

答：农民专业合作社成员不遵守农民专业合作社的章程、成员大会或者成员代表大会的决议，或者严重危害其他成员及农民专业合作社利益的，可以予以除名。

## 25. 农民专业合作社召开成员大会，出席人数要求多少？

答：《农民专业合作社法》规定：农民专业合作社召开成员大会，出席人数应当达到成员总数三分之二以上。成员大会选举或者作出决议，应当由本社成员表决权总数过半数通过；作出修改章程或者合并、分立、解散，以及设立、加入联合社（注：农业专业合作社联合社，简称"联合社"）的决议应当由本社成员表决权总数的三分之二以上通过。章程对表决权数有较高规定的，从其规定。章程另有更高人数规定的可以依照章程的规定。

## 26. 什么情况下农民专业合作社可以设立成员代表大会？

答：农民专业合作社成员超过一百五十人的，可以按照章程规定设立成员代表大会。成员代表大会按照章程规定可以行使成员大会的部分或者全部职权。但是，对于依法设立成员代表大会的，成员代表人数一般为成员总人数的百分之十，最低人数为五十一人。

## 27. 一个人可以兼任多个农民专业合作社的理事长吗？

答：一个人是可以兼任业务性质不同的合作社理事长的，但是不得兼任业务性质相同的其他农民专业合作社的理事长。

## 28. 农民专业合作社必须设立理事长吗？

答：《农民专业合作社法》规定，农民专业合作社必须设立理事长。可以设立理事会，也可以不设立。

## 29. 农民专业合作社的理事长和法人代表必须是同一个人吗？

答：《农民专业合作社法》第二十六条规定：理事长即为农民专业合作社的法定代表人，两者必须为同一人。

## 30. 农民专业合作社在什么情况下会被吊销营业执照？

答：《农民专业合作社法》第七十条规定：农民专业合作社向登记机关提供虚假登记材料或者采取其他欺诈手段取得登记的，由登记机关责令改正，可以处五千元以下罚款；情节严重的，撤销登记或者吊销营业执照。

第七十一条规定：农民专业合作社连续两年未从事经营活动的，吊销其营业执照。

## 31. 农民专业合作社需要设立成员账户吗？如果设立都需要记载哪些内容？

答：《农民专业合作社法》第四十三条规定：农民专业合作社应当为每个成员设立成员账户，主要记载下列内容。

① 该成员的出资额

② 量化为该成员的公积金份额

③ 该成员与本社的交易量（额）

## 32. 什么是农民专业合作社可分配盈余？

答：《农民专业合作社法》第四十四条规定：农民专业合作社的可分配盈余，是在合作社盈余中扣除弥补亏损、提取公积金后，可供当年分配的那部分盈余。

## 33. 农民专业合作社的可分配盈余如何分配？

答：可分配盈余主要按照成员与本社的交易量（额）比例返还。具体做法如下。

① 可分配盈余按成员与本社的交易量（额）比例返还的，返还总额不得低于可分配盈余的百分之六十。

② 返还后的剩余部分，以成员账户中记载的出资额和公积金份额，以及本社接受国家财政直接补助和他人捐赠形成的财产平均量化到成员的份额，按比例分配给本社成员。

## 34. 农民专业合作社的可分配盈余什么情况下可以不分配？

**答**：经成员大会或者成员代表大会表决同意，可以将全部或者部分可分配盈余转为对农民专业合作社的出资，并记载在成员账户中，可以不进行分配。

## 35. 农民专业合作社的公积金如何使用？

**答**：《农民专业合作社法》第四十二条规定：农民专业合作社可以按照章程规定或者成员大会决议从当年盈余中提取公积金。公积金用于弥补亏损、扩大生产经营或者转为成员出资。

## 36. 一个成员可以加入多个农民专业合作社吗？

**答**：一个成员可以加入多个农民专业合作社，如可以加入一个养殖合作社同时加入一个休闲旅游合作社。

## 37. 什么情况下农民专业合作社可以解散？

**答**：《农民专业合作社法》规定出现以下情况之一时，合作社可以解散。
① 章程规定的解散事由出现
② 成员大会决议解散
③ 因合并或者分立需要解散
④ 营业执照依法被吊销或者被撤销

## 38. 什么是农民专业合作社联合社？

**答**：三个以上的农民专业合作社在自愿的基础上，可以出资设立农民专业合作社联合社。

农民专业合作社联合社应当有自己的名称、组织机构和住所，由联合社全体成员制定并承认的章程，以及符合章程规定的成员出资。

### 39. 农民专业合作社联合社需要登记注册吗?

答:农民专业合作社联合社需要登记注册,即依据《农民专业合作社法》规定进行登记,取得法人资格,领取营业执照。

### 40. 农民专业合作社联合社的登记类型是什么?

答:农民专业合作社联合社的登记类型为农民专业合作社联合社。

### 41. 农民专业合作社联合社以什么形式对联合社的债务承担责任?成员承担什么责任?

答:农民专业合作社联合社以其全部财产对该社的债务承担责任,成员以其出资额为限对农民专业合作社联合社承担责任。

### 42. 农民专业合作社联合社的理事长由谁担任?

答:农民专业合作社联合社理事长一般从成员社选派的理事候选人中选举产生,可连选连任。

### 43. 农民专业合作社联合社是否可以设立成员代表大会?

答:农民专业合作社联合社无成员代表,只召开成员大会,也没有成员代表大会。

### 44. 农民专业合作社成员大会有哪些职权?

答:成员大会是法定的农民专业合作社的权力机构,由全体成员组成。《农民专业合作社法》规定合作社成员大会有以下职权。
① 修改章程。
② 选举和罢免理事长、理事、执行监事或者监事会成员。
③ 决定重大财产处置、对外投资、对外担保和生产经营活动中的其他

重大事项。
　　④ 批准年度业务报告、盈余分配方案、亏损处理方案。
　　⑤ 对合并、分立、解散、清算，以及设立、加入联合社等作出决议。
　　⑥ 决定聘用经营管理人员和专业技术人员的数量、资格和任期。
　　⑦ 听取理事长或者理事会关于成员变动情况的报告，对成员的入社、除名等作出决议。
　　⑧ 公积金的提取及使用。
　　⑨ 章程规定的其他职权。

## 45. 农民专业合作社登记注册时，一般登记事项包括哪些？

　　答：农民专业合作登记注册时，一般要包括如下登记事项。
　　① 名称
　　② 类型
　　③ 经营范围
　　④ 住所或者主要经营场所
　　⑤ 注册资本或者出资额
　　⑥ 法定代表人姓名

## 46. 哪些不能作为农民专业合作社（或联合社）的成员出资？

　　答：农民专业合作社成员不得以对该社或者其他成员的债权充抵出资。
　　农民专业合作社（联合社）成员不得以劳务、信用、自然人姓名、商誉、特许经营权或者设定担保的财产等作价出资。

## 47. 农民专业合作社的设立大会有哪些职权？

　　答：设立农民专业合作社，应当召开由全体设立人参加的设立大会。设立时自愿成为该社成员的人为设立人。
　　设立大会行使下列职权。
　　① 通过本社章程。章程应当由全体设立人一致通过。
　　② 选举产生理事长、理事、执行监事或者监事会成员。

③ 审议其他重大事项。

## 48. 农民专业合作社申请设立登记后，一般多长时间能够拿到营业执照？

答：对申请材料齐全、符合法定形式的予以确认并当场登记。

不能当场登记的，应当在三个工作日内予以登记；情形复杂的，经登记机关负责人批准，可以再延长三个工作日。

申请材料不齐全或者不符合法定形式的，登记机关应当一次性告知申请人需要补正的材料。

## 49. 农民专业合作社如何聘任经理，其可以进行哪些工作？

答：农民专业合作社成员大会决定聘用经营管理人员和专业技术人员的数量、资格和任期，理事长或者理事会可以按照成员大会的决定聘任经理和财务会计人员，理事长或者理事可以兼任经理。经理按照章程规定或者理事会的决定，可以聘任其他人员。经理按照章程规定和理事长或者理事会的授权，负责具体生产经营活动。

## 50. 加入农民专业合作社后，可以享受哪些权利？应尽哪些义务？

答：农民专业合作社遵循"民办、民管、民受益"的原则，其成员享有下列权利。

① 参与管理的权利：参加成员大会，并享有表决权、选举权和被选举权，按照章程规定对本社实行民主管理，并可查阅本社的章程、成员名册、成员大会或者成员代表大会记录、理事会会议决议、监事会会议决议、财务会计报告、会计账簿和财务审计报告。

② 利用各种生产设施和服务的权利：合作社应该为成员提供各种服务，在有条件的情况下提供生产经营设施，并且只收取运行成本费或不收费，成员享有利用服务和设施的权利。

③ 享有收益分配权：合作社年终分配方案应按照章程规定，并经成员大会讨论通过。合作社年终可分配盈余，首先按成员与本社的交易量（额）

比例返还，其次，按股金和公积金份额的比例分配，成员享有收益分配权。

④ 申请退社的权利。合作社成员可以自由提出退社申请，需经过理事会批准后生效。成员资格终止的，应当按照章程规定分摊本社亏损后，退还该成员账户内的出资额及公积金份额。

⑤ 章程规定的其他权利。

农民专业合作社成员承担下列义务。

① 执行成员大会、成员代表大会和理事会的决议。

② 按照章程规定向本社出资。

③ 按照章程规定与本社进行交易。

④ 按照单程规定承担亏损。

⑤ 章程规定的其他义务。

## 51. 农民专业合作社的附加表决权数是怎么规定的？

答：出资额或者与本社交易量（额）较大的成员按照章程规定，可以享有附加表决权。本社的附加表决权总票数，不得超过本社成员基本表决权总票数的20%。享有附加表决权的成员及其享有的附加表决权数，应当在每次成员大会召开时告知出席会议的全体成员。

## 52. 农民专业合作社能不能办公司？

答：农民专业合作社可以办公司。因为《农民专业合作社法》规定：农民专业合作社可以依法向公司等企业投资，以其出资额为限对所投企业承担责任。由此可见，法律上不仅没有限制，还鼓励合作社入股办公司。所以，合作社可以根据自身发展需要，创办或入股公司。但是要建立合理的治理机制和利益分配制度，既保证合作社的合作经济组织属性，又实现合作社与公司优势互补、良性互动。

## 53. 农民专业合作社办公司要注意坚持哪些原则？

答：农民专业合作社办公司要注意坚持以下三个原则。

① 服务成员的原则：如果不能服务合作社成员，就改变了农民专业合

作社性质，违背了《农民专业合作社法》的要求。

② 民主管理和监督的原则：合作社成立公司，职业经理人成为公司的经营决策者，但是民主管理的原则不能改变，要完善管理和监督机制。

③ 盈余分配的原则：不能因为农民专业合作社办了公司就改变合作社盈余分配的原则，同时公司要做好风险防范，建立风险防范机制，以降低市场风险对合作社成员收益的影响，以免影响合作社成员盈余的分配。

## 54. 农民专业合作社产品的销售渠道有哪些？各有什么优缺点？

答：农民专业合作社的产品可以通过以下渠道进行销售。

| 销售渠道 | 优点 | 缺点 |
| --- | --- | --- |
| 订单式销售 | 风险低，有保障 | 利润比直销低 |
| 进入批发市场 | 随行就市，产品无论优劣均能销售出去，对产品数量和质量没有太高的要求，合作社主动性强 | 风险高，价格难以控制，中间环节较多，无保障 |
| 委托代理商销售 | 成本低，易于管理 | 产品容易受代理商控制，合作社处于被动地位 |
| 建立直销门店 | 可以直接控制价格，减少中间环节，增加合作社销售收入 | 合作社需要具备一定实力，需要强的营销能力和较大数量的产品规模，合作社需要一定信誉，产品质量要求高 |

## 55. 农民专业合作社的资金筹集来源有哪些？

答：农民专业合作社资金筹集主要有以下来源。

① 合作社成员自身投入：会费、股金、盈余挂账、红利、公积金。

② 国家和地方的财政扶持资金：国家或地方的补助或奖励资金。

③ 农村信用机构的信贷资金：对于成熟的合作社也可以合理合法的使用民间借贷资金，一定要合理合法。

④ 招商引资，吸收社会资金：与企业合作，企业加入合作，前期提供资金和技术支持，要在《农民专业合作社法》规定的范围内与企业合作，不能违背合作社的根本原则。

⑤ 通过平台进行众筹或认筹：通过网络平台，打造各种认筹或众筹项目，吸引合作社外部的资本注入，缓解合作社短期的资金问题。

## 56. 农民专业合作社的财务方面一般设立哪些账目？

答：农民专业合作社财务一般也要设立以下账目：总账、现金日记账、银行存款日记账、产品物资账、固定资产账、股金账、应收应付账（一般是与合作社成员往来产生）、成员账。

## 57. 农民专业合作社的资产一般有哪些方面？

答：农民专业合作社的资产分为如下几个方面。

| 序号 | 类型 | 举例 |
| --- | --- | --- |
| 1 | 固定资产 | 房屋、建筑物、机器、设备、工具、器具、农业农村基础设施 |
| 2 | 无形资产 | 非专利技术、专利权、商标权、土地经营权、草原使用权、著作权 |
| 3 | 流动资产 | 农产品、收获后加工而得到的产品、现金、银行存款、短期投资、应收与预付款项 |
| 4 | 农业资产 | 幼畜及育肥畜、产畜、役畜（包括禽、特种水产等）、经济林木、非经济林木 |
| 5 | 对外投资资产 | 对外投资用农业机械 |
| 6 | 其他资产 | — |

## 58. 什么是农民专业合作社的固定资产？

答：农民专业合作社的固定资产是指使用年限在一年以上，单位价值在 2000 元以上，并在使用过程中基本保持原有物质形态的资产。

## 59. 什么是农民专业合作社的农业资产？

答：一般将生物资产中的牲畜、禽类和林木列为农民专业合作社的农业资产，主要包括幼畜及育肥畜、产畜、役畜（包括禽、特种水产等）、经济林木、非经济林木等。

## 60. 什么是农民专业合作社的文化？

答：农民专业合作社的文化是指在合作社的长期发展过程中所形成的与其他社会经济组织相区别的目标、信念、哲学、道德和价值的总和，但是在内容和形式上与其他组织文化也有共同之处。

## 61. 农民专业合作社的文化包括哪些方面？

答：农民专业合作社的文化概括起来一般包括以下四个方面，即精神文化、制度文化、物质文化、公益文化。

## 62. 农民专业合作社成员账户主要记载哪些内容？

答：农民专业合作社成员账户主要记载以下内容。
① 成员的出资情况：如果为一般农民专业合作社，只需记载成员基本出资情况；如果为股份制农民专业合作社，还应该区分成员的基本股和投资股。
② 成员与农民专业合作社交易的情况。
③ 成员的公积金变化情况。
④ 成员参与盈余返还金额和剩余盈余返还金额情况。

## 63. 国家财政直接补助形成的财产能否分配给农民专业合作社成员？

答：国家财政直接补助形成的财产不得分配给农民专业合作社成员。因为国家财政或者社会捐赠都是针对合作社这个"大集体"的，而不是补助给合作社的某个人或者某些成员的。因此，农民专业合作社成员在中途退社时，也不能带走这部分资金形成的财产，合作社解散时也不能分配给成员。

《农民专业合作社法》规定：农民专业合作社接受国家财政直接补助形成的财产，在解散、破产清算时，不得作为可分配剩余资产分配给成员，具体按照国务院财政部门有关规定执行。

64. 什么是农民合作社的风险？

答：农民合作社风险是指合作社在生产经营过程中，由于自身或外界因素的影响而发生遭受损失的可能性。

65. 农民合作社的风险有哪些？

答：农民合作社是农业产业中的特殊经济组织，它在运营过程中受到农业产业风险及其自身状况的双重影响，有其内部的风险，也有外部的风险，具体有如下几种。

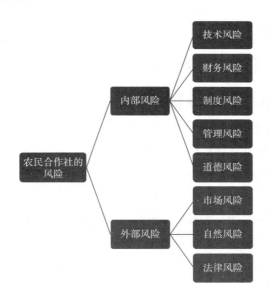

66. 什么是农民合作社的技术风险？包括哪些方面？

答：农民合作社的技术风险是指伴随着科学技术的发展、生产方式的改变而发生的风险。技术风险主要包括技术研发、技术引进和技术流失风险。

67. 什么是农民合作社的财务风险？

答：农民合作社的财务风险是指合作社财务结构不合理、融资不当使合作社可能丧失偿债能力而导致投资者预期收益下降的风险。

## 68. 农民合作社的财务风险能够消除吗?

答：农民合作社的财务风险是客观存在的，农民合作社对财务风险只有采取有效措施来降低风险，而不可能完全消除风险。

## 69. 农民合作社的财务风险表现在哪些方面?

答：农民合作社的财务风险主要表现为筹资风险、运营风险、税务风险、资金流动性风险、盈余分配风险五个方面。

## 70. 什么是农民合作社的道德风险？主要表现在哪些方面?

答：农民合作社的道德风险是指从事经济活动的人在最大限度地增进自身效用时，做出不利于他人的行为所带来的风险。

农民合作社中的道德风险主要表现在内部社员违规的内部风险和外部龙头企业违约的外部风险两方面。

## 71. 什么是农民合作社的市场风险？主要表现在哪些方面?

答：农民合作社的市场风险是指在市场交易活动中由于市场各因素的不确定性而导致经济损失的风险。

其主要表现在消费需求转移、市场价格波动（由于价格的不确定性而产生的价格风险）、市场信息不灵、交易中的毁约行为等。

## 72. 什么是农产品市场风险?

答：农产品市场风险主要是指农产品在生产和购销的过程中，由于市场行情的变化、消费需求转移、经济政策的改变等不确定因素所引起的实际收益与预期收益发生偏离的不确定性。

## 73. 什么是农民合作社的自然风险？主要表现在哪些方面？

答：农民合作社的自然风险是指因自然力的不规则变化产生的现象所导致的危害农民合作社经济活动、物质生产或社员生命安全的风险。自然风险主要表现为气象灾害风险、地质灾害风险、环境灾害风险和生物灾害风险等。

## 74. 农民合作社应对风险的措施有哪些？

答：依据风险管理理论，借鉴国外合作社风险管理经验，我国农民合作社可以采取以下四种策略应对风险。

| 应对措施 | 具体操作 | 解释 |
| --- | --- | --- |
| 回避风险 | 农民合作社对拟选项目进行风险分析与评价后，如果发现风险发生的概率较高，损失较大，又无其他有效的对策来降低风险时，应果断放弃，从而避免潜在损失 | 对农民合作社的设立或其欲投资的项目事先邀请专家进行分析评估。在完成项目风险分析与评价后，如果发现项目风险发生的概率很高，而且损失可能也很大，又没有其他有效的对策来降低风险时，应采取放弃项目、放弃原有计划或改变目标等方法，使其不发生或不再发展，从而避免可能产生的潜在损失 |
| 控制风险 | 农民合作社在风险不能避免或在从事某项经济活动势必面临某些风险时，首先想到的是如何控制风险发生，如何减少风险发生，或如何减少风险发生后所造成的损失。一般通过制定防范措施、开展多种经营、开展互助保险、加强教育与培训等方式控制风险发生 | 一是控制风险因素，减少风险的发生；二是控制风险发生的频率和降低风险损害程度 |
| 转移风险 | 将农民合作社的风险通过一定方式，有意识地转移给他人承担，避免自己受损。一般通过财产转移、保险转移、合同转移、衍生性工具转移等方式转移合作社风险 | 风险虽然转移给他人，但是对接受风险转移的人来说不一定是风险 |

续表

| 应对措施 | 具体操作 | 解释 |
| --- | --- | --- |
| 承担风险 | 将农民合作社生产经营过程中不可避免，又不能完全控制和分散的风险承受下来，自己承担风险所造成的损失 | 承担风险也称为风险自留，处理方式有两种：一是将损失计入经营成本，损失发生时用收益来补偿；二是建立专项风险基金，专门用于风险接受的损失补偿 |

## 75. 如何进行风险的财产转移？

答：将存在风险较大的财产通过承包或租赁给具有特殊技能的人员经营，充分利用他人的特长和技能，又使农民合作社脱离风险。

## 76. 如何进行风险的合同转移？

答：通过契约的方式将农民合作社可能遭受的风险转移给合同的相对方。例如订单农业，将合作社的订单合同转移给能够承担合同风险的人或组织。

## 77. 如何利用衍生性工具进行风险的转移？

答：利用期货、期权合约等衍生性工具转移资产市场波动所引起的价格风险，常用于资产保值。

## 78. 农民合作社的会计要素包括哪些方面？

答：农民合作社的会计要素包括资产、负债、所有者权益、收入、费用和盈余。

## 79. 什么是农民合作社的资产？

答：农民合作社的资产是指合作社过去的交易或者事项形成的、由合作社拥有或者控制的、预期会给合作社带来经济利益的资源。

## 80. 什么是农民合作社的流动资产？

答：农民合作社的流动资产是指预计在一年内（含一年）变现、出售或耗用的资产，包括库存现金、银行存款、应收款项、存货、消耗性生物资产等。

## 81. 什么是农民合作社的非流动资产？

答：农民合作社的非流动资产是指流动资产以外的资产，包括对外投资、生产性生物资产、固定资产、无形资产、公益性生物资产、长期待摊费用等。

## 82. 什么是农民合作社的应收款项？

答：农民合作社的应收款项包括与成员和非成员之间发生的各项应收及暂付款项。

应收款项应当按照发生额入账。确实无法收回的应收款项，应当计入其他支出。

## 83. 农民合作社的存货包括哪些产品？

答：农民合作社的存货包括材料、农产品、工业产成品、低值易耗品、包装物等产品物资，在产品，受托代销商品、受托代购商品、委托代销商品和委托加工物资等。

## 84. 农民合作社的存货应当按照什么原则进行计价？

答：农民合作社的存货按照下列原则计价。
① 购入的物资应当按照购买价款、应支付的相关税费、运输费、装卸费、运输途中的合理损耗及外购过程发生的其他直接费用计价。
② 受托代购商品视同购入的物资计价。
③ 生产入库的农产品和工业产成品，应当按照生产过程中发生的实际

支出计价。

④ 委托加工物资验收入库时，应当按照委托加工物资的成本和实际支付的全部费用计价。

⑤ 受托代销商品应当按照合同或协议约定的价格计价，出售受托代销商品时，实际收到的价款大于合同或协议约定价格的差额计入经营收入，实际收到的价款小于合同或协议约定价格的差额计入经营支出。

⑥ 委托代销商品应当按照委托代销商品的实际成本计价。

⑦ 成员出资投入的存货，应当根据有关规定和合作社章程规定，按照有关凭据注明的金额加上相关税费、运输费等计价；没有相关凭据的，经过全体成员评估作价或由第三方机构评估作价、成员大会或者成员代表大会[以下简称成员（代表）大会]表决通过后，按照全体成员确认的价值计价。

⑧ 盘盈的存货，应当按照同类或类似存货的市场价格或评估价值计价。

## 85. 农民合作社的对外投资包括哪些方面？

答：农民合作社的对外投资包括依法出资设立或者加入农民专业合作社联合社（以下简称联合社），以及采用货币资金、实物资产、无形资产等向其他单位投资等。

## 86. 农民合作社的对外投资按照什么原则进行计价？

答：农民合作社的对外投资按照以下原则计价。

① 以现金、银行存款等货币资金方式向联合社或其他单位投资的，应当按照实际支付的款项和相关税费计价。

② 以实物资产（含生物资产，下同）、无形资产等非货币性资产方式向联合社或其他单位投资的，应当按照评估确认或者合同、协议约定的价值和相关税费计价，实物资产、无形资产等重估确认价值与其账面价值之间的差额，计入资本公积。

## 87. 农民合作社的生物资产包括哪些？

答：农民合作社的生物资产包括消耗性生物资产、生产性生物资产和公益性生物资产。消耗性生物资产包括生长中的大田作物、蔬菜、用材林，以及存栏待售的牲畜、鱼虾贝类等为出售而持有的，或在将来收获为农产品的生物资产。生产性生物资产包括经济林、薪炭林、产畜和役畜等为产出农产品、提供劳务或出租等目的而持有的生物资产。公益性生物资产包括防风固沙林、水土保持林和水源涵养林等以防护、环境保护为主要目的的生物资产。

## 88. 农民合作社的生物资产按照什么原则进行计价？

**答**：农民合作社的生物资产按照下列原则计价。

① 购入的生物资产应当按照购买价款、应支付的相关税费、运输费及外购过程发生的其他直接费用计价。

② 自行栽培、营造、繁殖或养殖的消耗性生物资产，应当按照下列规定确定其成本。

自行栽培的大田作物和蔬菜的成本，包括在收获前耗用的种子、肥料、农药等材料费、人工费和应分摊的间接费用等必要支出。

自行营造的林木类消耗性生物资产的成本，包括郁闭前发生的造林费、抚育费、营林设施费、良种试验费、调查设计费和应分摊的间接费用等必要支出。

自行繁殖的育肥畜的成本，包括出售前发生的饲料费、人工费和应分摊的间接费用等必要支出。

水产养殖的动物和植物的成本，包括在出售或入库前耗用的苗种、饲料、肥料等材料费、人工费和应分摊的间接费用等必要支出。

③ 自行营造或繁殖的生产性生物资产，应当按照下列规定确定其成本：

自行营造的林木类生产性生物资产的成本，包括达到预定生产经营目的前发生的造林费、抚育费、营林设施费、良种试验费、调查设计费和应分摊的间接费用等必要支出。

自行繁殖的产畜和役畜的成本，包括达到预定生产经营目的（成龄）前发生的饲料费、人工费和应分摊的间接费用等必要支出。

达到预定生产经营目的，是指生产性生物资产进入正常生产期，可以多年连续稳定产出农产品、提供劳务或出租。

④ 自行营造的公益性生物资产，应当按照郁闭前发生的造林费、抚育费、森林保护费、营林设施费、良种试验费、调查设计费和应分摊的间接

费用等必要支出计价。

⑤ 成员出资投入的生物资产，应当根据有关规定和合作社章程规定，按照有关凭据注明的金额加上相关税费、运输费等计价；没有相关凭据的，经过全体成员评估作价或由第三方机构评估作价、成员（代表）大会表决通过后，按照全体成员确认的价值计价。

⑥ 收到国家财政直接补助的生物资产（包括以前年度收到或形成但尚未入账的）或者他人捐赠的生物资产，应当按照有关凭据注明的金额加上相关税费、运输费等计价；没有相关凭据的，按照资产评估价值或者比照同类或类似生物资产的市场价格，加上相关税费、运输费等计价。如无法采用上述方法计价的，应当按照名义金额（人民币1元，下同）计价，相关税费、运输费等计入其他支出，同时在备查簿中登记说明。

## 89. 农民合作社的固定资产包括哪些？

答：农民合作社的固定资产包括房屋、建筑物、机器、设备、工具、器具和农业农村基础设施等。单位价值虽未达到规定标准，但使用年限在一年以上的资产也可列为固定资产。

## 90. 农民合作社的固定资产按照什么原则进行计价？

答：农民合作社的固定资产按照下列原则计价。

① 购入的固定资产，不需要安装的，应当按照购买价款和采购费、应支付的相关税费、包装费、运输费、装卸费、保险费及外购过程发生的其他直接费用计价；需要安装或改装的，还应当加上安装费或改装费。

② 新建的房屋及建筑物、农业农村基础设施等固定资产，应当按照竣工验收的决算价计价。

③ 成员出资投入的固定资产，应当根据有关规定和合作社章程规定，按照有关凭据注明的金额加上相关税费、运输费等计价；没有相关凭据的，经过全体成员评估作价或由第三方机构评估作价、成员（代表）大会表决通过后，按照全体成员确认的价值计价。

④ 收到国家财政直接补助的固定资产（包括以前年度收到或形成但尚未入账的）或者他人捐赠的固定资产，应当按照有关凭据注明的金额加上

相关税费、运输费等计价；没有相关凭据的，按照资产评估价值或者比照同类或类似固定资产的市场价格，加上相关税费、运输费等计价。如无法采用上述方法计价的，应当按照名义金额计价，相关税费、运输费等计入其他支出，同时在备查簿中登记说明。

⑤ 盘盈的固定资产，应当按照同类或类似固定资产的市场价格或评估价值，扣除按照该项固定资产新旧程度估计的折旧后的余额计价。

## 91. 农民合作社的无形资产包括哪些？

答：农民合作社的无形资产包括专利权、商标权、著作权、非专利技术、土地经营权、林权、草原使用权等。

## 92. 农民合作社的无形资产按照什么原则进行计价？

答：农民合作社的无形资产按照下列原则计价。
① 购入的无形资产应当按照购买价款、应支付的相关税费及相关的其他直接费用计价。
② 自行开发并按法律程序申请取得的无形资产，应当按照依法取得时发生的注册费、律师费等实际支出计价。
③ 成员出资投入的无形资产，应当根据有关规定和合作社章程规定，按照有关凭据注明的金额加上相关税费等计价；没有相关凭据的，经过全体成员评估作价或由第三方机构评估作价、成员（代表）大会表决通过后，按照全体成员确认的价值计价。
④ 收到国家财政直接补助的无形资产（包括以前年度收到或形成但尚未入账）或者他人捐赠的无形资产，应当按照有关凭据注明的金额加上相关税费等计价；没有相关凭据的，按照资产评估价值或者比照同类或类似无形资产的市场价格，加上相关税费等计价。如无法采用上述方法计价的，应当按照名义金额计价，相关税费等计入其他支出，同时在备查簿中登记说明。

## 93. 什么是农民合作社无形资产的账面价值？

答：农民合作社的无形资产的账面价值是指无形资产成本扣减累计摊

销后的金额。

### 94. 什么是农民合作社的负债?

答：农民合作社的负债是指合作社过去的交易或者事项形成的、预期会导致经济利益流出合作社的现时义务。

### 95. 什么是农民合作社的流动负债？流动负债包括哪些项目?

答：农民合作社的流动负债是指偿还期在一年内（含一年）的债务，包括短期借款、应付款项、应付工资、应付劳务费、应交税费、应付利息、应付盈余返还、应付剩余盈余等。

### 96. 什么是农民合作社的非流动负债？非流动负债包括哪些项目?

答：农民合作社的非流动负债是指偿还期在1年以上的债务，包括长期借款、专项应付款等。

### 97. 农民合作社的应付款项包括哪些?

答：农民合作社的应付款项包括与成员和非成员之间发生的各项应付及暂收款项。

### 98. 什么是农民合作社的应付工资?

答：农民合作社的应付工资是指合作社为获得管理人员、固定员工等职工提供的服务而应付给职工的各种形式的报酬及其他相关支出。

### 99. 什么是农民合作社的应付劳务费?

答：农民合作社的应付劳务费是指合作社为获得季节性用工等临时性工作人员提供的服务而应支付的各种形式的报酬以及其他相关支出。

100．什么是农民合作社的所有者权益？包括哪些项目？

答：农民合作社的所有者权益是指合作社资产扣除负债后由成员享有的剩余权益。

农民合作社的所有者权益包括股金、专项基金、资本公积、盈余公积、未分配盈余等。

101．什么是农民合作社的生产成本？

答：农民合作社的生产成本是指合作社直接组织生产或对外提供服务等活动所发生的各项生产费用和服务成本。

102．农民合作社直接组织生产产品的成本包括哪些方面？

答：农民合作社直接组织生产产品的成本主要包括农产品生产成本、工业产品生产成本等。

103．农民合作社的农产品生产成本包括哪些方面？

答：农民合作社的农产品生产成本包括直接材料费、直接人工费、其他直接费用和间接费用等。

104．农民合作社的工业产品生产成本包括哪些方面？

答：农民合作社的工业产品生产成本包括直接材料费、燃料和动力、直接人工费、其他直接费用和间接费用等。

105．农民合作社对外提供服务的成本包括哪些方面？

答：农民合作社对外提供服务的成本包括提供服务的直接耗费及提供服务人员的培训费、工资福利、差旅费、保险费等。

## 106. 什么是农民合作社的收入？包括哪些方面？

答：农民合作社的收入是指合作社在日常活动中形成的、会导致所有者权益增加的、与成员投入资本无关的经济利益的总流入。

合作社的收入包括经营收入和其他收入。

## 107. 农民合作社的经营收入包括哪些方面？

答：农民合作社的经营收入包括农民合作社提供农业生产资料的购买、使用，农产品的生产、销售、加工、运输、贮藏，以及与农业生产经营有关的技术、信息、设施建设运营等服务，开发经营农村民间工艺及制品、休闲农业和乡村旅游资源等，以及销售本社产品取得的收入。

## 108. 农民合作社的其他收入包括哪些方面？

答：农民合作社的其他收入包括盘盈收益、确实无法支付的应付款项等除经营收入以外的收入。

## 109. 什么是农民合作社的费用？包括哪些方面？

答：农民合作社的费用是指合作社在日常活动中发生的、会导致所有者权益减少的、与向成员分配盈余无关的经济利益的总流出。

农民合作社的费用包括经营支出、税金及附加、管理费用、财务费用和其他支出等。

## 110. 农民合作社的经营支出包括哪些方面？

答：农民合作社的经营支出包括合作社提供农业生产资料的购买、使用，农产品的生产、销售、加工、运输、贮藏，以及与农业生产经营有关的技术、信息、设施建设运营等服务，开发经营农村民间工艺及制品、休闲农业和乡村旅游资源等，以及销售本社产品发生的实际支出。

## 111. 农民合作社的税金及附加包括哪些方面？

答：农民合作社的税金及附加包括合作社从事生产经营活动按照税法的有关规定应负担的消费税、城市维护建设税、资源税、房产税、土地使用税、车船使用税、印花税、教育费附加及地方教育费附加等相关税费。

## 112. 农民合作社的管理费用包括哪些方面？

答：农民合作社的管理费用包括管理人员的工资、办公费、差旅费、业务招待费，管理用固定资产的折旧、无形资产摊销等为组织和管理生产经营活动发生的支出。

## 113. 农民合作社的财务费用包括哪些方面？

答：农民合作社的财务费用包括利息费用（减利息收入）、银行相关手续费等为筹集生产经营所需资金发生的支出。

## 114. 农民合作社的其他支出包括哪些方面？

答：农民合作社的其他支出包括生物资产的死亡毁损支出、损失，固定资产及产品物资等的盘亏、损失，防灾抢险支出，安全生产支出，环境保护支出，罚款支出，捐赠支出，确实无法收回的应收款项损失等。

## 115. 什么是农民合作社的盈余？

答：农民合作社的盈余是指合作社在一定会计期间的经营成果。

## 116. 如何计算农民合作社的盈余？

答：农民合作社的本年盈余按照下列公式计算：
本年盈余＝经营收益＋其他收入－其他支出－所得税费用
其中：

经营收益＝经营收入＋投资收益－经营支出－税金及附加－
管理费用－财务费用

### 117. 什么是农民合作社的投资收益？

答：农民合作社的投资收益是指投资所取得的收益扣除发生的投资损失后的数额。

### 118. 农民合作社投资所取得的收益包括哪些方面？

答：农民合作社的投资所取得的收益包括对外投资分得的利润、盈余返还和盈余分配、现金股利和债券利息，以及对外投资到期收回或中途转让取得款项高于账面余额的差额等。

### 119. 农民合作社投资损失包括哪些方面？

答：农民合作社的投资损失包括对外投资到期收回或中途转让取得款项低于账面余额的差额等。

### 120. 农民合作社成员对合作社的债务承担怎样的责任？

答：农民合作社成员对合作社的债务承担以其账户内记载的出资额和公积金份额为限的有限责任，不承担其他的清偿责任。出资额指成员认缴的出资金额，即现金数额或者实物等非货币财产以及章程规定的其他方式作价出资的作价金额，如果非货币出资价值被高估达不到作价金额的，该出资成员应当补足其不足部分。

### 121. 什么是农民合作社的财务报表？

答：农民合作社的财务报表是对合作社财务状况、经营成果等的结构性表述，包括会计报表及其附注。

## 122. 农民合作社的会计报表包括哪些内容？

答：农民合作社的会计报表包括资产负债表、盈余及盈余分配表、成员权益变动表等。

## 123. 什么是农民合作社的资产负债表？

答：农民合作社的资产负债表是指反映合作社在某一特定日期财务状况的报表。

## 124. 什么是农民合作社的盈余及盈余分配表？

答：农民合作社的盈余及盈余分配表是指反映合作社在一定会计期间内盈余实现及其分配情况的报表。

## 125. 什么是农民合作社的成员权益变动表？

答：农民合作社的成员权益变动表是指反映农民合作社成员权益增减变动和在某一特定日期权益情况的报表。

## 126. 农民合作社是否应当为每个成员设立成员账户？为什么？

答：农民合作社应当为每个成员设立成员账户。

因为成员账户是全面反映合作社成员对农民合作社的出资额、量化到该成员的公积金份额、本社接受国家财政直接补助形成的财产量化到该成员的份额、本社接受他人捐赠形成的财产量化到该成员的份额、该成员与本社的交易量（额），以及本社对该成员的盈余返还和剩余盈余分配的账户。

## 127. 什么是农民合作社的会计政策？

答：农民合作社的会计政策是指农民合作社在会计确认、计量和报告中所采用的原则、基础和会计处理方法。

## 128. 什么是农民合作社的会计估计变更？

答：农民合作社的会计估计变更是指由于资产和负债的当前状况及预期经济利益和义务发生了变化，从而对资产或负债的账面价值或者资产的定期消耗金额进行调整。

## 129. 农民合作社的会计差错包括哪些方面？

答：农民合作社的会计差错包括计算错误、应用会计政策错误、应用会计估计错误等。

## 130. 农民合作社更正时采取的未来适用法是什么意思？

答：未来适用法是指将变更后的会计政策和会计估计应用于变更日及以后发生的交易或者事项，或者在会计差错发生或发现的当期更正差错的方法。

## 131. 什么是农民合作社资金筹集？

答：农民合作社资金筹集是指合作社筹措、集聚其自身建设和生产经营所需要的资金，包括权益资金筹集和债务资金筹集。

## 132. 什么是农民合作社权益资金筹集？

答：农民合作社的权益资金筹集是指合作社依法接受成员投入的股金、接受国家财政直接补助和他人捐赠形成的专项基金等。

## 133. 什么是农民合作社债务资金筹集？

答：农民合作社的债务资金筹集是指合作社依法以借款、应付及暂收款项等方式进行资金筹集。

## 134. 农民合作社财产构成有哪些来源？

答：农民合作社财产构成主要有五个来源：成员出资、公积金、国家财政直接补助、他人捐赠以及合法取得的其他资产。

## 135. 农民合作社不能承担属于成员和经营管理者个人的哪些支出？

答：农民合作社不能承担属于成员和经营管理者个人的支出，包括以下几个方面。
① 娱乐、健身、旅游、购物、招待、馈赠等支出。
② 购买商业保险、证券、股权、收藏品等支出。
③ 个人行为导致的罚款、赔偿等支出。
④ 购买住房、支付物业管理费、修缮费用等支出。
⑤ 应由个人承担的其他支出。

## 136. 农民合作社解散时财务如何清算？

答：农民合作社因章程规定的解散事由出现、成员（代表）大会决议解散、依法被吊销营业执照或者被撤销等原因解散，应当在解散事由出现之日起十五日内由成员（代表）大会推举成员组成清算组，开始解散清算。逾期不能组成清算组的，成员、债权人可以向人民法院申请指定成员组成清算组，开始解散清算。

农民合作社财务清算，应当对合作社的财产、债权债务等进行全面清理，编制财产目录和债权债务清单，提出财产作价依据和债权债务处理办法。

清算期间，未经清算组同意，任何组织机构和个人不得处理合作社的财产，包括宣布清算时的全部财产和清算期间取得的财产。

农民合作社接受国家财政直接补助形成的财产，在解散、破产清算时，不得作为可分配剩余资产分配给成员，具体按照国务院财政部门有关规定执行。

## 137. 农民合作社什么情况下可以申请破产？

答：农民合作社因严重亏损，资不抵债，不能清偿全部到期债务，或者清算组发现合作社的财产不足以清偿债务的，可以依法向人民法院申请破产。

## 138. 在大会表决方式上，农民合作社与公司的区别是什么？

答：农民合作社成员大会表决实行一人一票方式，也可以按交易额与投资额结合实行一人多票方式，但单个成员拥有的表决权最多不得超过总表决权的20%。

## 139. 农民合作社与企业的区别有哪些？

答：农民合作社在对外经营上可以像企业一样追求利益的最大化，但是在内部的管理过程中是有一些区别的，具体表现如下。

| 区别 | 农民合作社 | 企业 |
| --- | --- | --- |
| 所有权形式 | 农民合作社的主体是社员，具有人合性的特征 | 企业是资本的联合，具有典型的资合性，资本在组织中居于主导地位 |
| 成立目的 | 农民合作社对社员不以营利为目的，对外经营也是为了社员的利益 | 企业是以谋求资本利润最大化为主，属于营利性经济组织 |
| 管理方式 | 农民合作社实行社员民主管理，一人一票制，每一个社员都拥有一票的权利 | 企业实行资本民主，股东的地位以出资额确定 |
| 收益分配 | 农民合作社按照与社员的交易量（额）进行收益二次返还 | 企业按照出资额或按股份进行分红 |

## 140. 什么是农民合作社的整合管理？

答：农民合作社的整合管理包括合作社的合并、分立、解散和清算，既包含财产分割、债务清偿等实体性法律制度，也包含通知、公告等程序性法律制度。

## 141. 什么是农民合作社的合并？合并的形式有哪些？

答：农民合作社的合并是指两个或者两个以上的合作社依照法定程序变为一个合作社的行为。合并形式主要有两种：吸收合并和新设合并。

## 142. 什么是农民合作社的吸收合并？

答：农民合作社的吸收合并是指一个合作社接纳一个或一个以上的其他合作社加入本合作社，接纳方继续存在，加入方解散并取消原法人资格。

## 143. 什么是农民合作社的新设合并？

答：农民合作社的新设合并是指合作社与一个或一个以上合作社合并设立一个新的合作社，原合并各方解散，取消原法人资格。

## 144. 农民合作社合并的协议一般包括哪些内容？

答：农民合作社的合并协议一般应有如下内容。
① 合并各方的名称、住所。
② 合并后存续合作社或新设合作社的名称、住所。
③ 合并各方的债务债权处理办法。
④ 合并各方的资产状况及其处理办法。
⑤ 存续或新设合作社因合并而新增的股金总额。
⑥ 合并各方认为需要载明的其他事项。

## 145. 农民合作社合并时一般采取什么样的财务处理办法？

答：农民合作社合并应按宜简不宜繁的原则，采用权益结合法进行账务处理，不要求对合并各方的资产进行重新估价，也不确认商业信誉，以原账面价值进行合并处理。

## 146. 什么是权益结合法？

答：权益结合法是指将规模大小相当的经济组织资产、负债和股东权益联合起来组成一个单一的、更大的经济实体，把经济组织合并作为各个合并方经济资源以及相关风险和收益的联合，不要求对被购买方的资产进行重新估价，留存收益也同样予以合并。

## 147. 什么是农民合作社分立？分立的形式有哪些？

答：农民合作社分立是指一个合作社依据法律规定，通过成员大会决议分成两个或者两个以上的合作社。合作社的分立有两种形式：存续分立和解散分立。

## 148. 什么是农民合作社的存续分立？

答：农民合作社的存续分立是指合作社以其部分财产和业务设立另外的新合作社，本合作社存续。

## 149. 什么是农民合作社的解散分立？

答：农民合作社的解散分立是指合作社以全部财产归入两个以上新的合作社，原合作社解散。

## 150. 如何加入或退出已经成立的农民专业合作社？

答：符合农民专业合作社成员法定条件的公民、企业、事业单位或者社会组织，要求加入已成立的农民专业合作社，应当向理事长或者理事会提出书面申请，经成员大会或者成员代表大会表决通过后，成为本社成员。

农民专业合作社成员有权根据实际情况提出退社声明。除本社章程另行规定提出退社声明的期限以外，自然人成员要求退社的，应当在会计年度终了的三个月前向理事长或者理事会提出书面申请；企业、事业单位或者社会组织成员退社的，应当在会计年度终了的六个月前提出。退社成员的成员资格自会计年度终了时终止。

## 151. 农民合作社合并或分立的程序一般有哪些？

答：农民合作社无论合并还是分立一般均按照以下程序进行。

依法签订合并（分立）协议 → 编制资产负债表及财产清单 → 成员大会做出决议 → 通知债权人 → 依法进行登记

## 152. 农民合作社注册了，但是长时间没有经营，是否需要交税？

答：不需要。

**知识链接** 有些农民合作社是早期为了拿到政策扶持进行了注册登记，要求必须有公户，农民合作社法人会积极主动进行税务登记，同时按照规定企业在注册30天内就要进行税务登记，否则要处以罚款。但近期，公户已经不需要税务登记证了，税务也没有硬性要求，因此税务部门对于没有进行税务登记的也暂时不做处理，所以注册但未经营的农民合作社，目前不需要税务申报和交税。

## 153. 农民合作社销售合作社成员自产自销的农产品，一般免征哪些税？

答：农民合作社销售合作社成员自产自销的农产品，一般免增值税、印花税和企业所得税，具体如下所述。

① 对农民合作社销售本社成员生产的农业产品，视同农业生产者销售自产农业产品免征增值税。

② 增值税一般纳税人从农民合作社购进的免税农产品，可按13%的扣除率计算抵扣增值税进项税额。

③ 对农民合作社向本社成员销售的农膜、种子、种苗、农药、农机，免征增值税。

## 154. 农民专业合作社因解散和破产清算接受国家财政直接补助形成的财产如何处置？

答：《农民专业合作社解散、破产清算时接受国家财政直接补助形成的财产处置暂行办法》第四条规定：农民专业合作社解散、破产清算时，在清偿债务后如有剩余财产，清算组应当计算其中国家财政直接补助形成的财产总额。

计算公式为

$$\text{剩余财产中国家财政直接补助形成的财产总额} = \text{剩余财产金额} \times \frac{\text{专项基金中国家财政直接补助金额}}{\text{股金金额} + \text{专项基金金额}}$$

第五条规定：剩余财产中国家财政直接补助形成的财产，应当优先划转至原农民专业合作社所在地的其他农民专业合作社，也可划转至原农民专业合作社所在地的村集体经济组织或者代行村集体经济组织职能的村民委员会。

因农业结构调整、生态环境保护等原因导致农民专业合作社解散、破产清算的，剩余财产中国家财政直接补助形成的财产，应当优先划转至原农民专业合作社成员新建农民专业合作社，促进转产转业。

涉及剩余财产中国家财政直接补助形成的财产划转的，清算组应当将划转情况反映在清算方案中，并将清算方案报县级农业农村部门、财政部门备案，同时做好相关财务账目、原始凭证等资料移交工作。

# 附录一　家庭农场管理制度范本

## 第一章　总　则

**第一条**　为促进家庭农场规范化发展，切实发挥其在构建新型农业经营体系中的骨干作用，根据国家有关法规和政策规定，结合本场实际，制定本制度。

**第二条**　家庭农场流转农村土地经营权，必须签订规范的流转合同，并到村民委员会和乡镇农经管理部门备案登记。

**第三条**　家庭农场可以领办或以成员身份加入农民合作社，积极参与农业产业化经营。

**第四条**　家庭农场应严格执行国家有关农业标准化生产和农产品质量安全的法规和政策。

**第五条**　家庭农场合法权益受法律保护，任何单位和个人不得干预家庭农场自主经营权和内部事务，不得强迫家庭农场接受有偿服务，不得违规向家庭农场收费、摊派和罚款。

**第六条**　家庭农场登记注册事项发生变动的，应及时向有关部门申请变更登记，换发相关证照。

**第七条**　家庭农场应自觉接受农经管理部门和相关部门的指导和监督。认真执行《个体工商户年度报告暂行办法》，应当于每年6月30日前，通过企业信用信息公示系统报送上一年度报告并公示。

## 第二章　岗位责任制度

**第八条**　家庭农场从业人员要有明确的分工，结合自身实际，设置生产主管、销售主管和财务主管等岗位，明确工作职责。有条件的可以设置部门经理。

**第九条**　家庭农场实行农场主负责制，农场主统揽全场工作，主要是拟定发展目标和计划，制定管理制度，加强从业人员管理，有序组织生产经营活动，加强财务审核审批，协调解决农场重大事宜，争取各项扶持政策，开展工作考核和总结评比。

**第十条**　生产主管岗位职责：拟订并落实家庭农场年度生产计划，制定并实施生产技术规程；组织所需的生产资料，提供技术指导、服务和培训，抓好病（疫）虫害防治；组织标准化生产并负责完善相关记录，建立质量追溯机制；加强农业机械设备维护和仓储运输工作。

第十一条 销售主管岗位职责：拟定并落实年度销售计划，预测销售市场，开辟销售渠道，寻求定向合作，探求订单销售和网络销售方式；负责签订销售合同，规范销售凭据，回收销售款项；坚守公平竞争和诚实守信商业道德，保证产品销售质量和数量，维护家庭农场整体形象；努力降低销售成本，最大程度地实现家庭农场既得利益；建立销售台账，及时报告销售业绩。

第十二条 财务主管岗位职责：拟定并落实年度财务计划和预算方案，制定并执行家庭农场内部财务监督管理办法；遵守财产物资采购审批程序；加强财产物资安全领用、保管；建立健全财务会计账簿，组织财务核算，按时提交、报送财务报告。

第十三条 家庭农场各岗位之间要精诚合作，建立奖勤罚懒、评先创优机制。

## 第三章 标准化生产制度

第十四条 家庭农场必须具有一定的生产经营规模，有稳定的生产基地，有固定的办公场所，有配套的设施设备，有醒目的标志标牌。

第十五条 家庭农场应结合自身行业特点，科学制定生产操作规范，生产（加工、储运、销售）优质、高效、生态和安全的农产品。

第十六条 家庭农场应严格农业投入品管理使用。

（一）种子、种畜管理使用

严格控制种子来源，采购和使用的种子必须具备种子生产许可证、种子质量合格证，引进种子必须有检疫证明；有专门的种子仓库和保管人员，种子应有详细的进库、出库记录，过期种子应及时清理。引进种用畜禽，在引种之前，须向县动物卫生监督机构申报备案，引入后及时向县动物卫生监督机构或报检点报告，并按规定进行隔离、观察，期满后经检疫合格再合群。

（二）农药、化肥管理使用

严格按照国家《农药合理使用准则》和《农药安全使用标准》执行，严格执行禁（限）用农药以及安全间隔期的规定，不得超范围使用农药和随意加大用药量。设立专门的农药仓库和保管人员，保管人员应核对农药的数量、品种和"三证"后，方可入库。积极使用生物农药，尽量减少化学农药的使用，根据病虫害发生情况或有关技术部门的病虫预报，规范用药，做到适时防治，对症下药，并注意农药的交替使用，以提高药效。及时做好农药使用的田间档案记录，配合检测部门开展检测，严格防止农产品农药残留超标。严格执行肥料合理使用准则，施肥以有机肥为主，化肥为辅；以多元素肥料为主，单元素肥料为辅；以基肥为主，追肥为辅。必须购买"三证"齐全的产品，不施用城市垃圾。肥料应按种类不同分开堆放于干燥、阴凉的仓库储存。

**（三）兽药、饲料和饲料添加剂管理和使用**

认真审查兽药、饲料和饲料添加剂标签和说明书，检查包装，符合国家规定的方可购入并妥善保管。严禁使用瘦肉精、三聚氰胺、苏丹红、氯霉素、呋喃唑酮等禁用药品。严格按规定使用性激素、镇静剂等。禁止在饲料中直接添加原料药。遵守兽药休药期规定，未满休药期的畜禽不得出售、屠宰，不得用于食品消费。兽药、饲料和饲料添加剂的购入、使用、诊疗等按要求进行记录。

**第十七条** 家庭农场应按照产地环境保护、产品质量安全管理要求，加强农产品标准化生产管理。有条件的要聘请固定的生产技术人员或专家顾问，专门负责标准化生产技术指导和监测。

**（一）制定标准化生产操作规程**

从事种植业的要合理选择优质抗病高产品种，实行科学栽培管理；坚持科学、平衡施肥原则，推广使用有机肥和生物肥；推广农业防治、生态防治、物理防治技术；注重搞好田园清洁、土壤消毒、轮作倒茬；完善水利设施，健全排灌系统。从事畜牧业的，要按照县畜牧主管部门的统一要求，制定科学合理的免疫程序，切实做好动物强制性免疫工作；建立健全疫情报告、检疫申报、畜禽标识、消毒清洁和无害化处理等制度；养殖场采取修建化粪池、沼气池等措施，循环利用畜禽粪尿，防止污染环境。

**（二）建立健全生产记录档案**

按照农业标准化生产要求，逐步建立农业生产用地档案、农业投入品使用档案、田间生产管理档案、产品储运销售档案。养殖类家庭农场还应建立畜禽养殖档案，全面记录畜禽的品种、数量、标志、来源、繁育情况，以及检疫、免疫、诊疗、监测、消毒、调运等情况。农产品生产档案由农场专人填写，由农场自行整理和保管。农产品生产记录应当保存2年以上，禁止伪造农产品生产记录，农场主要定期组织人员对档案建立情况进行抽查。

**（三）农产品质量安全监督检验**

家庭农场应定期对农产品产地环境、生产过程和产品质量进行自检，同时主动申请、自觉接受农业监管部门检查。对抽检发现有影响产品质量的问题，应及时整改纠正。

**第十八条** 家庭农场生产的农产品要尽量采取包装销售，包装上要印注本场标识和联系方式，销售的农产品要如实填写销售记录，建立产品质量追溯制度。

## 第四章 财务管理制度

**第十九条** 家庭农场参照《小企业会计准则》《小企业财务管理制度》规定，结合自身实际，建立健全财务会计制度，准确核算生产经营收益情况。

**第二十条** 家庭农场应配备必要的专职或兼职财务人员，办理财务会计工作。有条件的可以聘请有资质的会计机构或会计人员代理记账，实行会计电算化管理。

**第二十一条** 家庭农场要建立总分类账、明细分类账和《固定资产登记簿》等账簿，完善财务会计资料，进行专业财务核算管理。

**第二十二条** 家庭农场要科学合理地设置会计科目，准确记载资产负债和经营收益情况，努力开展成本核算和效益分析。适时编制财务会计报表，并定期向农经管理等部门报送财务会计资料。

**第二十三条** 家庭农场应统一使用县级农经管理部门监制的账、表、据、簿，建立领用登记、稽查核销制度。

**第二十四条** 家庭农场应配备专门的档案柜，明确专人负责，分类收集和整理财务档案、文书档案、信息档案，妥善保管，完善防盗、防火、防霉、防虫蛀、防强光等保管措施。

**第二十五条** 家庭农场在向有关主管部门提供的财务报告等资料中，不得作虚假记载。

## 第五章 品牌和示范创建制度

**第二十六条** 家庭农场应加强品牌创建，积极争取无公害农产品、绿色食品、有机食品和国家地理标识认证，积极申报注册产品商标，积极参与产品展示、推介、交流活动，合理利用网络信息资源，不得作虚假宣传。

第二十七条　家庭农场应根据县级农经管理部门制度的示范性家庭农场认定管理办法要求，加强示范性家庭农场创建申报工作，发挥示范带动作用。

第二十八条　家庭农场应制定品牌和示范创建计划，分步组织实施。

第二十九条　家庭农场应当严格执行上级有关部门扶持家庭农场品牌和示范性创建办法规定，落实好财政奖补等扶持政策。

## 第六章　雇用工管理制度

第三十条　家庭农场以家庭成员为主要劳动力，合理利用当地农村剩余劳动力，带动其他农户增收。

第三十一条　家庭农场若长期雇用农工，应签订规范的劳务合同，保障劳动安全，按时足额兑现劳务报酬。有条件的可以按国家规定参加社会保险，为员工缴纳社会保险费。

第三十二条　家庭农场应建立从业人员花名册和雇用工管理台账，完备基本信息，可向劳动等有关部门备案登记。

## 第七章　学习培训制度

第三十三条　家庭农场从业人员应当积极参加各类业务学习培训，取得相关培训合格证。

第三十四条　家庭农场学习培训的内容主要包括党在农村的方针政策、涉农法律法规、生产经营管理知识、农产品质量安全监测和职业农民专业技能等方面。

第三十五条　家庭农场学习培训采取集中学习、以会代训、参观考察等方式进行。

第三十六条　家庭农场应建立并完善从业人员培训档案。

第三十七条　家庭农场学习培训情况纳入示范性家庭农场认定考核内容。

## 第八章　附　则

第三十八条　国家和省出台有关家庭农场发展新规定的，从其规定。

# 附录二  农民专业合作社示范章程

为切实贯彻落实新修订的《中华人民共和国农民专业合作社法》，准确体现法律修订的目的，更好发挥农民专业合作社章程的作用，为扩大农民专业合作社制定符合法律要求和自身特点的章程提供参照和遵循，现发布修订后的农民专业合作社示范章程，自发布之日起执行。

特此公告。

农业农村部<br>2018 年 12 月 17 日

## 农民专业合作社示范章程

本示范章程中的【】内文字部分为解释性规定。农民专业合作社在遵守有关法律法规的前提下，可根据自身实际情况，参照本示范章程制订和修正本社章程。

_____专业合作社章程

【_____年_____月_____日召开设立大会，由全体设立人一致通过。_____年_____月_____日召开成员大会第_____次修订通过。】

## 第一章　总　则

**第一条**　为促进本社规范运行和持续发展，保护本社及成员的合法权益，增加成员收入，增进成员福利，依照《中华人民共和国农民专业合作社法》和有关法律、法规、政策，制定本章程。

**第二条**　本社由_____【注：列出全部发起人姓名或名称】等_____人发起，于_____年_____月_____日召开设立大会。

本社名称：_____专业合作社，成员出资总额_____元，其中，货币出资额_____元，非货币出资额_____元【注：如有非货币出资请按具体出资内容分别注明，如以土地经营权作价出资**元】。

单个成员出资占比不得超过本社成员出资总额的百分之_____。

本社法定代表人：_____【注：理事长姓名】。

本社住所：_____，邮政编码：_____。

**第三条** 本社以服务成员、谋求全体成员的共同利益为宗旨。成员入社自愿，退社自由，地位平等，民主管理，实行自主经营，自负盈亏，利益共享，风险共担，可分配盈余主要按照成员与本社的交易量（额）比例返还。

**第四条** 本社以成员为主要服务对象，依法开展以下业务：

（一）农业生产资料的购买、使用；

（二）农产品的生产、销售、加工、运输、贮藏及其他相关服务；

（三）农村民间工艺及制品、休闲农业和乡村旅游资源的开发经营；

（四）与农业生产经营有关的技术、信息、设施建设运营等服务。

【注：根据实际情况填写。上述内容应与市场监督管理部门颁发的农民专业合作社法人营业执照规定的业务范围一致。】

**第五条** 经成员（代表）大会讨论并决议通过，本社依法发起设立或自愿加入_____农民专业合作社联合社。

**第六条** 依法向_____公司等企业投资；依法投资兴办_____公司。

**第七条** 经成员（代表）大会讨论并决议通过，本社可以接受与本社业务有关的单位委托，办理代购代销等服务；可以向政府有关部门申请或者接受政府有关部门委托，组织实施国家支持发展农业和农村经济的建设项目；可以按决定的数额和方式参加社会公益捐赠。

**第八条** 本社及全体成员遵守法律、社会公德和商业道德，依法开展生产经营活动。本社不从事与章程规定无关的活动。

**第九条** 本社对由成员出资、公积金、国家财政直接补助、他人捐赠以及合法取得的其他资产所形成的财产，享有占有、使用和处分的权利，并以上述财产对债务承担责任。

**第十条** 本社为每个成员设立成员账户，主要记载该成员的出资方式、出资额，量化为该成员的公积金份额以及该成员与本社的业务交易量（额）。

本社成员以其成员账户内记载的出资额和公积金份额为限对本社承担责任。

## 第二章 成 员

**第十一条** 具有民事行为能力的公民，从事与_____【注：业务范围内的主业农副产品名称】业务直接有关的生产经营,能够利用并接受本社提供的服务,承认并遵守本章程,履行本章程规定的入社手续的,可申请成为本社成员。从事与本社_____业务直接有关的生产经营活动的企业、事业单位或者社会组织可申请成为本社成员【注:农民专业合作社可以根据自身发展的实际情况决定是否吸收团体成员】。具有管理公共事务职能的单位不得加入本社。本社成员中,农民成员至少占成员总数的百分之八十。【注:农民专业合作社章程可自主确定入社成员的生产经营规模或经营服务能力等其他条件。】

第十二条  凡符合第十一条规定,向本社理事长或者理事会提交书面入社申请,经成员大会或者成员代表大会表决通过后,即成为本社成员。

第十三条  本社向成员颁发成员证书,并载明成员的出资额。成员证书同时加盖本社财务印章和理事长印鉴。

第十四条  本社成员享有下列权利:

(一)参加成员大会,并享有表决权、选举权和被选举权,按照本章程规定对本社实行民主管理;

(二)利用本社提供的服务和生产经营设施;

(三)按照本章程规定分享本社盈余;

(四)查阅本社章程、成员名册、成员大会或者成员代表大会记录、理事会会议决议、监事会会议决议、财务会计报告、会计账簿和财务审计报告;

(五)对本社理事长、理事、执行监事(监事长)、监事的工作提出质询、批评和建议;

(六)提议召开临时成员大会;

(七)提出书面退社申请,依照本章程规定程序退出本社;

(八)按照本章程规定向本社其他成员转让出资,成员账户内的出资额和公积金份额可依法继承;

(九)成员(代表)大会对拟除名成员表决前,拟被除名成员有陈述意见的机会;

(十)成员共同议决的其他权利。

第十五条  本社成员(代表)大会选举和表决,实行一人一票制,成员各享有一票基本表决权。

出资额占本社成员出资总额百分之_____以上或者与本社业务交易量

（额）占本社总交易量（额）百分之＿＿＿＿以上的成员，在本社＿＿＿＿＿等事项【注：如设立或加入农民专业合作社联合社、重大财产处置、投资兴办经济实体、对外担保和生产经营活动中的其他事项】决策方面，最多享有＿＿＿＿票的附加表决权。【注：可对每类事项规定享有附加表决权的成员条件及享有附加表决权的单个成员可能享有的附加表决权的票数。】本社成员附加表决权总票数，依法不得超过本社成员基本表决权总票数的百分之二十。享有附加表决权的成员及其享有的附加表决权数，在每次成员大会召开时告知出席会议的成员。

第十六条　本社成员承担下列义务：

（一）遵守本社章程和各项规章制度，执行成员（代表）大会和理事会的决议；

（二）按照章程规定向本社出资；

（三）积极参加本社各项业务活动，接受本社提供的技术指导，按照本社规定的质量标准和生产技术规程从事生产，履行与本社签订的业务合同，发扬互助协作精神，谋求共同发展；

（四）维护本社合法利益，爱护生产经营设施；

（五）不从事损害本社及成员共同利益的活动；

（六）不得以其对本社或者本社其他成员的债权，抵销已认购但尚未缴清的出资额；不得以已缴纳的出资，抵销其对本社或者本社其他成员的债务；

（七）承担本社的亏损；

（八）成员共同议决的其他义务。

第十七条　成员有下列情形之一的，终止其成员资格：

（一）要求退社的；

（二）丧失民事行为能力的；

（三）死亡的；

（四）企业、事业单位或社会组织成员破产、解散的；

（五）被本社除名的。

第十八条　成员要求退社的，须在会计年度终了的＿＿＿＿个月【注：不得低于三个月】前向理事会提出书面声明，办理退社手续；其中，企业、事业单位或社会组织成员退社的，须在会计年度终了的＿＿＿＿个月【注：不得低于六个月】前提出。退社成员的成员资格自该会计年度终了时终止。

第十九条　成员资格终止的，在完成该年度决算后_____个月内【注：不应超过三个月】，退还记载在该成员账户内的出资额和公积金份额。如本社经营盈余，按照本章程规定返还其相应的盈余；如本社经营有亏损和债务，扣除其应分摊的亏损金额及债务金额。

成员在其资格终止前与本社已订立的业务合同应当继续履行【注：或依照退社时与本社的约定确定】。

第二十条　成员死亡的，其法定继承人符合法律及本章程规定的入社条件的，可以在_____个月内向理事长或者理事会提出书面入社申请，经成员（代表）大会表决通过后，成为本社成员，办理入社手续，依法继承被继承人与本社的债权债务。成员大会或者成员代表大会不同意其法定继承人继承成员资格的，原成员资格因死亡而终止，其成员账户中记载的出资额、公积金份额由其继承人依相关法律规定继承。

第二十一条　成员有下列情形之一的，经成员（代表）大会表决通过，予以除名：

（一）不遵守本社章程、成员（代表）大会的决议；

（二）严重危害其他成员及本社利益的；

（三）成员共同议决的其他情形。

成员（代表）大会表决前，允许被除名成员陈述意见。

第二十二条　被除名成员的成员资格自会计年度终了时终止。本社对被除名成员，退还记载在该成员账户内的出资额和公积金份额，结清其应承担的本社亏损及债务，返还其相应的盈余所得。因第二十一条第二项被除名的成员须对本社作出相应赔偿。

## 第三章　组织机构

第二十三条　成员大会是本社的最高权力机构，由全体成员组成。

成员大会行使下列职权：

（一）审议、修改本社章程和各项规章制度；

（二）选举和罢免理事长、理事、执行监事或者监事会成员；

（三）决定成员入社、退社、继承、除名、奖励、处分等事项；

（四）决定成员出资增加或者减少；

（五）审议本社的发展规划和年度业务经营计划；

（六）审议批准年度财务预算和决算方案；

（七）审议批准年度盈余分配方案和亏损处理方案；

（八）审议批准理事会、执行监事或者监事会提交的年度业务报告；

（九）决定重大财产处置、对外投资、对外担保和生产经营活动中的其他重大事项；

（十）对合并、分立、解散、清算以及设立、加入联合社等作出决议；

（十一）决定聘用经营管理人员和专业技术人员的数量、资格和任期；

（十二）听取理事长或者理事会关于成员变动情况的报告；

（十三）决定公积金的提取及使用；

（十四）决定是否设立成员代表大会；

（十五）决定其他重大事项。

**第二十四条** 本社成员超过一百五十人时，设立成员代表大会，成员代表人数一般为成员总人数的百分之十。本社成员代表为_____人。成员代表大会履行本章程第二十三条第_____项至第_____项规定的成员大会职权。成员代表任期_____年，可以连选连任。【注：成员总数超过一百五十人的农民专业合作社可以根据自身发展的实际情况决定是否设立成员代表大会，成员代表最低人数为五十一人。】

**第二十五条** 本社每年召开_____次成员大会【注：每年至少召开一次成员大会】，成员大会由_____【注：理事长或者理事会】负责召集，并在成员大会召开之日前十五日向本社全体成员通报会议内容。

**第二十六条** 有下列情形之一的，本社在二十日内召开临时成员大会：

（一）百分之三十以上的成员提议；

（二）监事会【注：或者执行监事】提议；

（三）理事会提议；

（四）成员共同议决的其他情形。

理事长【注：或者理事会】不能履行或者在规定期限内没有正当理由不履行召集临时成员大会职责的，监事会【注：或者执行监事】在_____日内召集并主持临时成员大会。

**第二十七条** 成员大会须有本社成员总数的三分之二以上出席方可召开。成员因故不能参加成员大会，可以书面委托其他成员代理发言、表决。一名成员最多只能代理_____名成员。

成员大会选举或者做出决议，须经本社成员表决权总数过半数通过；对修改本社章程，增加或者减少成员出资，合并、分立、解散、设立或加入联合社等重大事项做出决议的,须经本社成员表决权总数的三分之二以上通过【注:可以根据实际情况设置更高表决权比例】。

第二十八条　本社设理事长一名,为本社的法定代表人。理事长任期_____年,可连选连任。

理事长行使下列职权:

(一)主持成员大会,召集并主持理事会会议;

(二)签署本社成员出资证明;

(三)组织编制年度业务报告、盈余分配方案、亏损处理报告、财务会计报告;

(四)签署聘任或者解聘本社经理、财务会计人员和其他专业技术人员聘书;

(五)组织实施成员大会、成员代表大会和理事会决议,检查决议实施情况;

(六)代表本社签订合同等;

(七)代表本社参加其所加入的联合社的成员大会;

(八)履行成员大会授予的其他职权。

【注:不设理事会的理事长职权参照本条款及理事会职权。】

第二十九条　本社设理事会,对成员大会负责,由_____名成员组成【注:理事会成员人数为单数,最少三人】,设副理事长_____人。理事会成员任期_____年,可连选连任。

理事会行使下列职权:

(一)召集成员(代表)大会并报告工作,执行成员(代表)大会决议;

(二)制订本社发展规划、年度业务经营计划、内部管理规章制度等,提交成员(代表)大会审议;

(三)制定年度财务预决算、盈余分配和亏损弥补等方案,提交成员(代表)大会审议;

(四)决定聘用经营管理人员和专业技术人员的报酬;

(五)组织开展成员培训和各种协作活动;

(六)管理本社的资产和财务,维护本社的财产安全;

(七)接受、答复、处理本社成员、监事会【注:或者执行监事】提出的有关质询和建议;

(八)接受入社申请,提交成员(代表)大会审议;

（九）决定聘任或者解聘本社经理、财务会计人员和其他专业技术人员；

（十）履行成员大会授予的其他职权。

第三十条　理事会会议的表决，实行一人一票。重大事项集体讨论，并经三分之二以上理事同意，方可形成决定，作成会议记录，出席会议的理事在会议记录上签名。理事个人对某项决议有不同意见时，其意见载入会议记录并签名。理事会会议可邀请监事长【注：或者执行监事】、经理和_____名成员代表列席，列席者无表决权。

第三十一条　本社设执行监事一名，代表全体成员监督检查理事会和工作人员的工作。执行监事列席理事会会议，并对理事会决议事项提出质询或建议。【注：不设监事会的执行监事职权参照监事会职权。】

第三十二条　本社设监事会，由_____名监事组成【注：监事会成员人数为单数，最少三人】，设监事长一人，代表全体成员监督检查理事会和工作人员的工作。监事长和监事会成员任期_____年，可连选连任。监事长列席理事会会议，并对理事会决议事项提出质询或建议。

监事会行使下列职权：

（一）监督理事会对成员大会决议和本社章程的执行情况；

（二）监督检查本社的生产经营业务情况，负责本社财务审核监察工作；

（三）监督理事长或者理事会成员和经理履行职责情况；

（四）向成员大会提出年度监察报告；

（五）向理事长或者理事会提出工作质询和改进工作的建议；

（六）提议召开临时成员大会；

（七）履行成员大会授予的其他职责。

第三十三条　监事会会议由监事长召集，会议决议以书面形式通知理事会。理事会在接到通知后_____日内就有关质询作出答复。

第三十四条　监事会会议的表决实行一人一票。监事会会议须有三分之二以上的监事出席方能召开，作成会议记录，出席会议的监事在会议记录上签名。重大事项的决议须经三分之二以上监事同意方能生效。监事个人对某项决议有不同意见时，其意见载入会议记录并签名。

第三十五条　本社经理由理事会【注：或者理事长】按照成员大会的决定聘任或者解聘，对理事会【注：或者理事长】负责，行使下列职权：

（一）主持本社的生产经营工作，组织实施理事会决议；

（二）组织实施年度生产经营计划和投资方案；

（三）拟订经营管理制度；

（四）聘任其他经营管理人员；

（五）理事会授予的其他职权。

本社理事长或者理事可以兼任经理。

第三十六条　本社现任理事长、理事、经理和财务会计人员不得兼任监事。

第三十七条　本社理事长、理事和管理人员不得有下列行为：

（一）侵占、挪用或者私分本社资产；

（二）违反章程规定或者未经成员大会同意，将本社资金借贷给他人或者以本社资产为他人提供担保；

（三）接受他人与本社交易的佣金归为己有；

（四）从事损害本社经济利益的其他活动；

（五）兼任业务性质相同的其他农民专业合作社的理事长、理事、监事、经理。

理事长、理事和管理人员违反前款第（一）项至第（四）项规定所得的收入，归本社所有；给本社造成损失的，须承担赔偿责任。

## 第四章　财务管理

第三十八条　本社实行独立的财务管理和会计核算，严格执行国务院财政部门制定的农民专业合作社财务会计制度。

第三十九条　本社依照有关法律、行政法规和政府有关主管部门的规定，建立健全财务和会计制度，实行财务定期公开制度，每月＿＿＿＿＿日【注：或者每季度第＿＿＿＿月＿＿＿＿日】向本社成员公开会计信息，接受成员的监督。

本社财务会计人员应当具备从事会计工作所需要的专业能力，会计和出纳互不兼任。理事会、监事会成员及其直系亲属不得担任本社的财务会计人员。

第四十条　本社与成员和非成员的交易实行分别核算。成员与本社的所有业务交易，实名记载于各该成员的成员账户中，作为按交易量（额）进行可分配盈余返还分配的依据。利用本社提供服务的非成员与本社的所有业务交易，实行单独记账。

第四十一条　会计年度终了时，由理事会【注：或者理事长】按照本章程规定，组织编制本社年度业务报告、盈余分配方案、亏损处理方案以及财务会计报告，于成员大会召开十五日前，置备于办公地点，供成员查阅并接受成员的质询。

第四十二条　本社资金来源包括以下几项：

（一）成员出资；

（二）每个会计年度从盈余中提取的公积金、公益金；

（三）未分配收益；

（四）国家财政补助资金；

（五）他人捐赠款；

（六）其他资金。

第四十三条　本社成员可以用货币出资，也可以用库房、加工设备、运输设备、农机具、农产品等实物、知识产权、土地经营权、林权等可以用货币估价并可以依法转让的非货币财产，以及_____【注：如还有其他方式，请注明】等方式作价出资，但不得以劳务、信用、自然人姓名、商誉、特许经营权或者设定担保的财产等作价出资。成员以非货币方式出资的，由全体成员评估作价或由第三方机构评估作价、全体成员一致认可。

成员以家庭承包的土地经营权出资入社的，应当经承包农户全体成员同意。通过租赁方式取得土地经营权或者林权的，对合作社出资须取得原承包权人的书面同意。

第四十四条　本社成员认缴的出资额，须在_____个月内缴清。

第四十五条　以货币方式出资的出资期限为_____年，以非货币方式作价出资【注：注明具体出资方式，如以土地经营权作价出资】的出资期限为_____年。

第四十六条　以非货币方式作价出资的成员与以货币方式出资的成员享受同等权利，承担同等义务。

经理事会【注：或者理事长】审核，成员大会讨论通过，成员出资可以转让给本社其他成员。

本社成员不得【注：或者可以，根据实际情况选择】以其依法可以转让的出资设定担保。

第四十七条　为实现本社及全体成员的发展目标需要调整成员出资时，

经成员大会讨论通过，形成决议，每个成员须按照成员大会决议的方式和金额调整成员出资。

**第四十八条** 本社从当年盈余中提取百分之_____的公积金，用于扩大生产经营、弥补亏损或者转为成员出资。

本社每年提取的公积金，按照成员与本社业务交易量（额）【注：或者出资额，也可以二者相结合】依比例量化为每个成员所有的份额。

**第四十九条** 本社从当年盈余中提取百分之_____的公益金，用于成员的技术培训、合作社知识教育以及文化、福利事业和生活上的互助互济。其中，用于成员技术培训与合作社知识教育的比例不少于公益金数额的百分之_____。

**第五十条** 本社接受的国家财政直接补助和他人捐赠，均按国务院财政部门制定的农民专业合作社财务会计制度规定的方法确定的金额入账，作为本社的资金（资产），按照规定用途和捐赠者意愿用于本社的发展。在解散、破产清算时，由国家财政直接补助形成的财产，不得作为可分配剩余资产分配给成员，处置办法按照国务院财政部门有关规定执行；接受他人的捐赠，与捐赠者另有约定的，按约定办法处置。

**第五十一条** 当年扣除生产经营和管理服务成本，弥补亏损、提取公积金和公益金后的可分配盈余，主要按照成员与本社的交易量（额）比例返还，经成员大会决议，按照下列顺序分配：

（一）按成员与本社的业务交易量（额）比例返还，返还总额不低于可分配盈余的百分之六十【注：依法不低于百分之六十，具体年度比例由成员大会讨论决定】；

（二）按前项规定返还后的剩余部分，以成员账户中记载的出资额和公积金份额，以及本社接受国家财政直接补助和他人捐赠形成的财产平均量化到成员的份额，按比例分配给本社成员，并记载在成员个人账户中。

**第五十二条** 经成员（代表）大会表决同意，可以将本社全部或部分可分配盈余转为成员对本社的出资，并记载在成员账户中。

**第五十三条** 本社如有亏损，经成员（代表）大会讨论通过，用公积金弥补，不足部分也可以用以后年度盈余弥补。

本社的债务用本社公积金或者盈余清偿，不足部分依照成员个人账户中记载的财产份额，按比例分担，但不超过成员账户中记载的出资额和公积金份额。

第五十四条 监事会【注：或者执行监事】负责本社的日常财务审核监督。根据成员（代表）大会【注：或者理事会】的决定【注：或者监事会的要求】，本社委托_____【注：列明被委托机构的具体名称，该机构应系具有相关资质的社会中介机构】对本社财务进行年度审计、专项审计和换届、离任审计。

## 第五章 合并、分立、解散和清算

第五十五条 本社与他社合并，须经成员大会决议，自合并决议作出之日起十日内通知债权人。合并后的债权、债务由合并后存续或者新设的农民专业合作社承继。

第五十六条 本社分立，须经成员大会决议，本社的财产作相应分割，并自分立决议作出之日起十日内通知债权人。分立前的债务由分立后的组织承担连带责任。但是，在分立前与债权人就债务清偿达成的书面协议另有约定的除外。

第五十七条 本社因下列原因解散：

（一）因成员变更低于法定人数或比例，自事由发生之日起6个月内仍未达到法定人数或比例；

（二）成员大会决议解散；

（三）本社分立或者与其他农民专业合作社合并后需要解散；

（四）因不可抗力致使本社无法继续经营；

（五）依法被吊销营业执照或者被撤销登记；

（六）成员共同议决的其他情形。

第五十八条 本社因第五十七条第（一）项至第（六）项情形解散的，在解散情形发生之日起十五日内，由成员大会推举_____名成员组成清算组接管本社，开始解散清算。逾期未能组成清算组时，成员、债权人可以向人民法院申请指定成员组成清算组进行清算。

第五十九条 清算组负责处理与清算有关未了结业务，清理本社的财产和债权、债务，制定清偿方案，分配清偿债务后的剩余财产，代表本社参与诉讼、仲裁或者其他法律程序，并在清算结束后_____日内向成员公布清算情况，向登记机关办理注销登记。

第六十条 清算组自成立起十日内通知成员和债权人，并于六十日内在报纸上公告。

第六十一条 本社财产优先支付清算费用和共益债务后，按下列顺序清偿：

（一）与农民成员已发生交易所欠款项；

（二）所欠员工的工资及社会保险费用；

（三）所欠税款；

（四）所欠其他债务；

（五）归还成员出资、公积金；

（六）按清算方案分配剩余财产。

清算方案须经成员大会通过或者申请人民法院确认后实施。本社财产不足以清偿债务时，依法向人民法院申请破产。

## 第六章　附　则

第六十二条 本社需要向成员公告的事项，采取_____方式发布，需要向社会公告的事项，采取_____方式发布。

第六十三条 本章程由设立大会表决通过，全体设立人签字后生效。

第六十四条 修改本章程，须经半数以上成员或者理事会提出，理事会【注：或者理事长】负责修订。

第六十五条 本章程如有附录（如成员出资列表），附录为本章程的组成部分。

全体设立人签名、盖章：

# 附录三　农民专业合作社联合社示范章程

为切实贯彻落实新修订的《中华人民共和国农民专业合作社法》，准确体现法律修订设立农民专业合作社联合社专章的目的，为广大农民专业合作社联合社制定符合法律要求和自身特点的章程提供参照和遵循，现发布农民专业合作社联合社示范章程，自发布之日起执行。

特此公告。

农业农村部<br>2018 年 12 月 17 日

## 农民专业合作社联合社示范章程

本示范章程中的【】内文字为解释性规定。农民专业合作社联合社在遵守有关法律法规的前提下，可根据自身实际情况，参照本示范章程制订和修订本社章程。

### ＿＿＿＿＿＿专业合作社联合社章程

【＿＿＿年＿＿＿月＿＿＿日召开设立大会，由全体设立人一致通过。＿＿＿年＿＿＿月＿＿＿日召开成员大会第＿＿＿次修订通过。】

### 第一章　总　则

**第一条**　为促进本社规范运行和持续发展，保护本社及成员社的合法权益，增加成员社收入，增进成员社成员福利，依照《中华人民共和国农民专业合作社法》和有关法律、法规、政策，制定本章程。

**第二条**　本社由＿＿＿＿＿＿＿＿＿＿【注：列出全部发起人名称】等＿＿＿＿＿＿个【注：三个以上】农民专业合作社发起，于＿＿＿＿年＿＿＿＿月＿＿＿＿日召开设立大会。

本社名称：＿＿＿＿＿＿专业合作社联合社，成员出资总额＿＿＿＿＿＿元，其中货币出资额＿＿＿＿＿＿元，非货币出资额＿＿＿＿＿＿元【注：如有非货币出资请按具体出资内容分别注明，如以土地经营权作价出资＊＊元】。

单个成员社出资占比不得超过本社成员出资总额的百分之＿＿＿＿＿＿。

本社法定代表人：_____【注：理事长姓名】。

本社住所：_____，邮政编码：_____。

**第三条** 本社成员均为农民专业合作社。本社以服务成员社、谋求全体成员社的共同利益为宗旨。成员入社自愿，退社自由，地位平等，民主管理，实行自主经营，自负盈亏，利益共享，风险共担，可分配盈余主要按照成员社与本社的交易量（额）比例返还。

**第四条** 本社成立的目的是扩大生产经营和服务规模，发展产业化经营，提高市场竞争力，不影响成员社依法享有的独立的经营权。本社以成员社为主要服务对象，依法开展以下业务：

（一）农业生产资料的购买、使用；

（二）农产品生产、销售、加工、运输、贮藏及其他相关服务；

（三）农村民间工艺及制品、休闲农业和乡村旅游资源的开发经营；

（四）与农业生产经营有关的技术、信息、设施建设运营等服务。

【注：根据实际情况填写，业务内容应与市场监督管理部门颁发的农民专业合作社联合社法人营业执照规定的业务范围一致。】

**第五条** 经成员大会表决通过，本社依法向公司等企业投资；依法投资兴办_____公司。

**第六条** 经成员大会讨论并决议通过，本社可以接受与本社业务有关的单位委托，办理代购代销、代理记账等服务；可以向政府有关部门申请或者接受政府有关部门委托，组织实施国家支持发展农业和农村经济的建设项目；可以按决定的数额和方式参加社会公益捐赠。

**第七条** 本社及全体成员社遵守法律、遵守社会公德、商业道德，诚实守信，依法开展生产经营活动。本社不从事与本章程规定无关的活动。

**第八条** 本社对由成员出资、公积金、国家财政直接补助、他人捐赠以及合法取得的其他资产所形成的财产，享有占有、使用和处分的权利，并以上述全部财产对本社的债务承担责任。

**第九条** 本社为每个成员社设立成员账户，主要记载该成员社的出资额、量化为该成员社的公积金份额以及该成员社与本社的交易量（额）。

成员社以其成员账户内记载的出资额为限对本社承担责任。

## 第二章 成 员

**第十条** 依照农民专业合作社法登记，取得农民专业合作社法人资格，从事_____【注：业务范围内的主业农副产品名称】生产经营，能够利用并接受本社提供的服务，承认并遵守本章程，履行本章程规定的入社手续的农民专业合作社，可申请成为本社成员。【注：农民专业合作社联合社章程可自主确定入社成员的生产经营规模或经营服务能力等其他条件。】

第十一条　凡符合第十一条规定，向本社理事长【注：或者理事会】提交书面入社申请，经成员大会表决通过后，即成为本社成员。

第十二条　本社向成员社颁发成员证书，并载明成员社的出资额。成员证书同时加盖本社财务印章和理事长印鉴。

第十三条　本社成员社享有下列权利：

（一）参加成员大会，并享有表决权、选举权和被选举权，按照本章程规定对本社实行民主管理；

（二）利用本社提供的服务和生产经营设施；

（三）按照本章程规定分享盈余；

（四）查阅本社的章程、成员名册、成员大会记录、理事会会议决议、监事会会议决议、财务会计报告、会计账簿和财务审计报告；

（五）对本社理事长、理事、监事长、监事的工作提出质询、批评和建议；

（六）提议召开临时成员大会；

（七）提出书面退社声明，依照本章程规定程序退出本社；

（八）向本社其他成员社转让全部或部分出资；

（九）成员大会对拟除名成员表决前，拟被除名成员有陈述意见的机会；

（十）成员社共同议决的其他权利。

第十四条　本社成员社承担下列义务：

（一）遵守本社章程和各项规章制度，执行成员大会和理事会的决议；

（二）按照本章程规定向本社出资；

（三）积极参加本社各项业务活动，接受本社提供的技术指导，按照本社规定的质量标准和生产技术规程从事生产，履行与本社签订的业务合同，发扬互助协作精神，谋求共同发展；

（四）维护本社合法利益，爱护生产经营设施；

（五）不从事损害本社成员社共同利益的活动；

（六）不得以其对本社或者本社其他成员社的债权，抵销已认购但尚未缴清的出资额；不得以已缴纳的出资，抵销其对本社或者本社其他成员社的债务；

（七）承担本社的亏损；

（八）成员社共同议决的其他义务。

**第十五条** 成员社有下列情形之一的，终止其成员资格：

（一）要求退社的；

（二）成员社破产、解散的；

（三）被本社除名的。

**第十六条** 成员社要求退社的，须在会计年度终了_____个月前【注：不得低于六个月】向理事会提出书面声明，办理退社手续。退社成员的成员资格自该会计年度终了时终止。

**第十七条** 成员资格终止的，在完成该年度决算后_____个月内【注：不应超过三个月】，退还记载在该成员账户内的出资额和公积金份额。如本社经营盈余，按照本章程规定返还其相应的盈余所得；如经营亏损，扣除其应分摊的亏损金额及债务金额。

成员社在其资格终止前与本社已订立的业务合同应当继续履行【注：或依照退社时与本社的约定确定】。

**第十八条** 成员社有下列情形之一的，经成员大会表决通过，予以除名：

（一）不遵守本章程、成员大会决议的；

（二）严重危害其他成员社及本社利益的；

（三）成员社共同议决的其他情形。

成员大会表决前，允许被除名成员社陈述意见。

**第十九条** 被除名成员社的成员资格自会计年度终了时终止。本社对被除名成员社，退还记载在该成员账户内的出资额和公积金份额，结清其应承担的本社亏损及债务，返还其相应的盈余所得。因第十八条第二项被除名的成员社须对本社作出相应赔偿。

## 第三章　组织机构

**第二十条** 成员大会是本社的最高权力机构，由全体成员社组成。

成员大会行使下列职权：

（一）审议、修改本社章程和各项规章制度；

（二）选举和罢免理事长、理事、执行监事【注：或者监事长、监事】；

（三）决定成员入社、除名等事项；

（四）决定成员出资增加或者减少；

（五）审议本社的发展规划和年度业务经营计划；

（六）审议批准年度财务预算和决算方案；

（七）审议批准年度盈余分配方案和亏损处理方案；

（八）审议批准理事会【注：或者理事长】、监事会【注：或者执行监事】提交的年度业务报告；

（九）决定重大财产处置、对外投资、对外担保和生产经营活动中的其他重大事项；

（十）对合并、分立、解散、清算等作出决议；

（十一）决定聘用经营管理人员和专业技术人员的数量、资格和任期；

（十二）听取理事会【注：或者理事长】关于成员社变动情况的报告；

（十三）决定公积金的提取及使用；

（十四）决定其他重大事项。

第二十一条 本社每年召开_____次成员大会【注：至少于会计年度末召开一次】。成员大会由理事会【注：或者理事长】负责召集，并在成员大会召开之日前十五日向全体成员社通报会议内容。

第二十二条 有下列情形之一的，本社在二十日内召开临时成员大会：

（一）百分之三十以上的成员社提议；

（二）监事会【注：或者执行监事】提议；

（三）理事会提议；

（四）成员社共同议决的其他情形。

理事会【注：或者理事长】不能履行或者在规定期限内没有正当理由不履行职责召集临时成员大会的，监事会【注：或者执行监事】在_____日内召集并主持临时成员大会。

第二十三条 本社成员大会选举和表决，实行一社一票，成员社各享有一票表决权。

第二十四条 成员大会须有本社成员社总数的三分之二以上出席方可召开。成员社因故不能参加成员大会，可以书面委托其他成员社代理发言和表决。一个成员社最多只能代理_____个成员社表决。

成员大会选举或者做出决议，须经本社成员社表决权总数过半数通过；对修改本社章程，增加或者减少成员出资，合并、分立、解散等重大事项

做出决议的,须经成员社表决权总数三分之二以上通过。【注:可以根据实际情况设置更高表决权比例。】

第二十五条　本社设理事长一名,为本社的法定代表人。理事长从成员社选派的理事候选人中产生,任期＿＿＿＿＿年,可连选连任。

理事长行使下列职权:

(一)主持成员大会,召集并主持理事会会议;

(二)签署本社成员出资证明;

(三)签署聘任或者解聘本社经理、财务会计人员聘书;

(四)组织实施成员大会和理事会决议,检查决议实施情况;

(五)代表本社签订合同等。

(六)履行成员大会授予的其他职权。

【注:不设理事会的理事长职权参照本条款及理事会职权】

第二十六条　本社设理事会,对成员大会负责,由＿＿＿＿＿名理事组成【注:理事会成员人数为单数,最少三人】,设副理事长＿＿＿＿＿名。理事任期＿＿＿＿＿年,可连选连任。本社理事从成员社选派的理事候选人中产生。

理事会行使下列职权:

(一)组织召开成员大会并报告工作,执行成员大会决议;

(二)制订本社发展规划、年度业务经营计划、内部管理规章制度等,提交成员大会审议;

(三)制定年度财务预决算、盈余分配和亏损弥补等方案,提交成员大会审议;

(四)组织开展成员社培训和各种协作活动;

(五)管理本社的资产和财务,维护本社的财产安全;

(六)接受、答复、处理本社成员社、监事会【注:或者执行监事】提出的有关质询和建议;

(七)接受入社申请,提交成员大会审议;

(八)决定成员退社、奖励、处分等事项;

(九)决定聘任或者解聘本社经理、财务会计人员;

(十)履行成员大会授予的其他职权。

第二十七条　理事会会议的表决,实行一人一票。重大事项集体讨论,并经三分之二以上理事同意,方可形成决定,作成会议记录,出席会议的理事在会议记录上签名。理事个人对某项决议有不同意见时,其意见记入会议记录并签名。理事会会议邀请监事长【注：或者执行监事】、经理和_____名成员社代表列席，列席者无表决权。

第二十八条　本社设执行监事一名，代表全体成员社监督检查理事会【注：或者理事长】和工作人员的工作。执行监事列席理事会会议，并对理事会决议事项提出质询和建议。执行监事从成员社选派的监事候选人中产生。

【注：不设监事会的执行监事职权参照监事会职权】

第二十九条　本社设监事会，由_____名监事组成【注：监事会成员人数为单数，最少三人】，设监事长一名，代表全体成员社监督检查理事会【注：或者理事长】和工作人员的工作。监事长和监事会成员任期_____年，可连选连任。监事长列席理事会会议，并对理事会决议事项提出质询和建议。监事从成员社选派的监事候选人中产生。

监事会行使下列职权：

（一）监督理事会对成员大会决议和本社章程的执行情况；

（二）监督检查本社的生产经营业务情况，负责本社财务审核监察工作；

（三）监督理事会成员【注：或者理事长】和经理履行职责情况；

（四）向成员大会提出年度监察报告；

（五）向理事会【注：或者理事长】提出工作质询和改进工作的建议；

（六）提议召开临时成员大会；

（七）履行成员大会授予的其他职责。

第三十条　监事会会议由监事长召集，会议决议以书面形式通知理事会【注：或者理事长】。理事会【注：或者理事长】在接到通知后_____日内就有关质询作出答复。

第三十一条　监事会会议的表决实行一人一票。监事会会议须有三分之二以上的监事出席方能召开。重大事项的决议须经三分之二以上监事同意方能生效。监事个人对某项决议有不同意见时，其意见记入会议记录并签名。

第三十二条　本社经理由理事会【注：或者理事长】按照成员大会的决定聘任或者解聘，对理事会【注：或者理事长】负责，行使下列职权：

（一）主持本社的生产经营工作，组织实施理事会决议；

（二）组织实施年度生产经营计划和投资方案；

(三) 拟订经营管理制度;

(四) 聘任其他经营管理人员;

(五) 理事会授予的其他职权。

本社理事长或者理事可以兼任经理。

第三十三条 本社现任理事长、理事、经理和财务会计人员不得兼任监事。

第三十四条 本社理事长、理事和管理人员不得有下列行为:

(一) 侵占、挪用或者私分本社资产;

(二) 违反本章程规定或者未经成员大会同意,将本社资金借贷给他人或者以本社资产为他人提供担保;

(三) 接受他人与本社交易的佣金归为己有;

(四) 从事损害本社经济利益的其他活动;

(五) 兼任业务性质相同的其他农民专业合作社联合社的理事长、理事、监事、经理。

理事长、理事和管理人员违反前款第(一)项至第(四)项规定所得的收入,归本社所有;给本社造成损失的,须承担赔偿责任。

## 第四章 财务管理

第三十五条 本社实行独立的财务管理和会计核算,严格执行国务院财政部门制定的农民专业合作社财务会计制度。

第三十六条 本社依照有关法律、行政法规和政府有关主管部门的规定,建立健全财务和会计制度,实行财务定期公开制度,每月_____日【注:或者每季度第_____月_____日】向本社成员社公开会计信息,接受成员社的监督。

本社财务会计人员应当具备从事会计工作所需要的专业能力,会计和出纳互不兼任。理事会【注:或者理事长】、监事会成员【注:或者执行监事】及其直系亲属不得担任本社的财务会计人员。

第三十七条 本社与成员社和非成员的交易实行分别核算。成员社与本社的所有业务交易,实名记载于各该成员社的成员账户中,作为按交易量(额)进行可分配盈余返还分配的依据。利用本社提供服务的非成员与本社的所有业务交易,实行单独记账。

第三十八条 会计年度终了时,由理事会【注:或者理事长】按照本章程规定，组织编制本社年度业务报告、盈余分配方案、亏损处理方案以及财务会计报告，于成员大会召开十五日前，置备于办公地点，供成员社查阅并接受成员社的质询。

第三十九条 本社资金来源包括以下几项：

（一）成员出资；

（二）每个会计年度从盈余中提取的公积金、公益金；

（三）未分配收益；

（四）国家财政补助资金；

（五）他人捐赠款；

（六）其他资金。

第四十条 本社成员社可以用货币出资，也可以用库房、加工设备、运输设备、农机具、农产品等实物，知识产权、土地经营权、林权等可以用货币估价并可以依法转让的非货币财产，以及_____【注：如还有其他方式，请注明】等方式作价出资，但不得以劳务、信用、自然人姓名、商誉、特许经营权或者设定担保的财产等作价出资。成员社以非货币方式出资的，由全体成员社评估作价或委托第三方机构评估作价、全体成员社一致认可。

以土地经营权作价出资的成员社应当经所在社成员（代表）大会讨论通过。通过租赁方式取得土地经营权或者林权的，对农民专业合作社联合社出资须取得原承包权人的书面同意。

第四十一条 本社成员社认缴的出资额，须在_____个月内缴清。

第四十二条 以非货币方式作价出资的成员社与以货币方式出资的成员社享受同等权利，承担同等义务。

经理事会【注：或者理事长】审核，成员大会表决通过，本社成员社可以向本社其他成员社转让全部或者部分出资。

本社成员社不得【注：或者可以，根据实际情况选择】以其依法可以转让的出资设定担保。

第四十三条 为实现本社及全体成员社的发展目标需要调整成员出资时，经成员大会表决通过，形成决议，每个成员社须按照成员大会决议的方式和金额调整成员出资。

第四十四条 本社从当年盈余中提取百分之_____的公积金，用于扩大生产经营、弥补亏损或者转为成员出资。

本社每年提取的公积金，按照成员社与本社交易量（额）【注：或者出资额，也可以二者相结合】依比例量化为每个成员社所有的份额。

第四十五条 本社从当年盈余中提取百分之_____的公益金，用于成员社的技术培训、合作社知识教育以及文化、福利事业和生活上的互助互济。其中，用于成员社技术培训与合作社知识教育的比例不少于公益金数额的百分之_____。

第四十六条 本社接受的国家财政直接补助和他人捐赠，均按国务院财政部门制定的农民专业合作社财务会计制度规定的方法确定的金额入账，作为本社的资金（资产），按照规定用途和捐赠者意愿用于本社的发展。在解散、破产清算时，由国家财政直接补助形成的财产，不得作为可分配剩余资产分配给成员社，处置办法按照国务院财政部门有关规定执行；接受他人的捐赠，与捐赠者另有约定的，按约定办法处置。

第四十七条 当年扣除生产经营和管理服务成本，弥补亏损、提取公积金和公益金后的可分配盈余，主要按成员社与本社的交易量（额）比例返还。

可分配盈余按成员社与本社交易量（额）返还后，如有剩余，剩余部分按照_____进行分配。【注：可根据实际情况进行规定】经本社成员大会表决通过，可以将本社全部【注：或者部分】可分配盈余转为成员社对本社的出资，并记载在成员账户中。

第四十八条 本社如有亏损，经成员大会表决通过，用公积金弥补，不足部分也可以用以后年度盈余弥补。

本社的债务用本社公积金或者盈余清偿，不足部分依照成员账户中记载的财产份额，按比例分担，但不超过成员账户中记载的出资额和公积金份额。

第四十九条 监事会【注：或者执行监事】负责本社的日常财务审核监督。根据成员大会【注：或者理事会】的决定【注：或者监事会的要求】，本社委托_____【注：列明被委托机构的具体名称，该机构应系具有相关资质的社会中介机构】对本社的财务进行年度审计、专项审计和换届、离任审计。

## 第五章 合并、分立、解散和清算

第五十条 本社与其他农民专业合作社联合社合并，须经成员大会决议，自合并决议作出之日起十日内通知债权人。合并后的债权、债务由合并后存续或者新设的农民专业合作社联合社承继。

第五十一条 本社分立，经成员大会决议，本社的财产作相应分割，并自分立决议作出之日起十日内通知债权人。分立前的债务由分立后的组织承担连带责任。但是，在分立前与债权人就债务清偿达成的书面协议另有约定的除外。

第五十二条 本社因下列原因解散：

（一）因成员社变更导致成员社数量低于法定个数，自事由发生之日起6个月内仍未达到法定个数；

（二）成员大会决议解散；

（三）本社分立或者与其他农民专业合作社联合社合并后需要解散；

（四）因不可抗力致使本社无法继续经营；

（五）依法被吊销营业执照或者被撤销登记；

（六）成员社共同议决的其他情形。

第五十三条 本社因第五十三条第（一）项至第（六）项情形解散的，在解散情形发生之日起十五日内，由成员大会推举_____名成员社所属人员组成清算组接管本社，开始解散清算。逾期未能组成清算组时，成员社、债权人可以向人民法院申请指定成员社所属人员组成的清算组进行清算。

第五十四条 清算组负责处理与清算有关未了结业务，清理本社的财产和债权、债务，制定清偿方案，分配清偿债务后的剩余财产，代表本社参与诉讼、仲裁或者其他法律程序，并在清算结束后_____日内向成员社公布清算情况，向登记机关办理注销登记。

第五十五条 清算组自成立起十日内通知成员社和债权人，并于六十日内在报纸上公告。

第五十六条 本社财产优先支付清算费用和共益债务后，按下列顺序清偿：

（一）与成员社已发生交易所欠款项；

（二）所欠员工的工资及社会保险费用；

（三）所欠税款；

（四）所欠其他债务；

（五）归还成员出资、公积金；

（六）按清算方案分配剩余财产。

清算方案须经成员大会通过或者申请人民法院确认后实施。本社财产不足以清偿债务时，依法向人民法院申请破产。

## 第六章  附  则

第五十七条  本社需要向成员社公告的事项，采取_____方式发布，需要向社会公告的事项，采取_____公告方式发布。

第五十八条  本章程由设立大会表决通过，全体设立人盖章（成员社法定代表人签字）后生效。

第五十九条  修改本章程，须经半数以上成员社或者理事会提出，理事会【注：或者理事长】负责修订。

第六十条  本章程如有附录（如成员社出资列表），附录为本章程的组成部分。

全体设立人盖章、签名【注：成员社法定代表人签字】：

# 附录四　中华人民共和国市场主体登记管理条例

## 中华人民共和国市场主体登记管理条例实施细则

(2022年3月1日国家市场监督管理总局令第52号公布 自公布之日起施行)

### 第一章　总　则

**第一条**　根据《中华人民共和国市场主体登记管理条例》(以下简称《条例》)等有关法律法规，制定本实施细则。

**第二条**　市场主体登记管理应当遵循依法合规、规范统一、公开透明、便捷高效的原则。

**第三条**　国家市场监督管理总局主管全国市场主体统一登记管理工作，制定市场主体登记管理的制度措施，推进登记全程电子化，规范登记行为，指导地方登记机关依法有序开展登记管理工作。

县级以上地方市场监督管理部门主管本辖区市场主体登记管理工作，加强对辖区内市场主体登记管理工作的统筹指导和监督管理，提升登记管理水平。

县级市场监督管理部门的派出机构可以依法承担个体工商户等市场主体的登记管理职责。

各级登记机关依法履行登记管理职责，执行全国统一的登记管理政策文件和规范要求，使用统一的登记材料、文书格式，以及省级统一的市场主体登记管理系统，优化登记办理流程，推行网上办理等便捷方式，健全数据安全管理制度，提供规范化、标准化登记管理服务。

**第四条**　省级以上人民政府或者其授权的国有资产监督管理机构履行出资人职责的公司，以及该公司投资设立并持有50%以上股权或者股份的公司的登记管理由省级登记机关负责；股份有限公司的登记管理由地市级以上地方登记机关负责。

除前款规定的情形外，省级市场监督管理部门依法对本辖区登记管辖作出统一规定；上级登记机关在特定情形下，可以依法将部分市场主体登记管理工作交由下级登记机关承担，或者承担下级登记机关的部分登记管理工作。

外商投资企业登记管理由国家市场监督管理总局或者其授权的地方市

场监督管理部门负责。

第五条 国家市场监督管理总局应当加强信息化建设，统一登记管理业务规范、数据标准和平台服务接口，归集全国市场主体登记管理信息。

省级市场监督管理部门主管本辖区登记管理信息化建设，建立统一的市场主体登记管理系统，归集市场主体登记管理信息，规范市场主体登记注册流程，提升政务服务水平，强化部门间信息共享和业务协同，提升市场主体登记管理便利化程度。

## 第二章 登记事项

第六条 市场主体应当按照类型依法登记下列事项：

（一）公司：名称、类型、经营范围、住所、注册资本、法定代表人姓名、有限责任公司股东或者股份有限公司发起人姓名或者名称；

（二）非公司企业法人：名称、类型、经营范围、住所、出资额、法定代表人姓名、出资人（主管部门）名称；

（三）个人独资企业：名称、类型、经营范围、住所、出资额、投资人姓名及居所；

（四）合伙企业：名称、类型、经营范围、主要经营场所、出资额、执行事务合伙人名称或者姓名，合伙人名称或者姓名、住所、承担责任方式。执行事务合伙人是法人或者其他组织的，登记事项还应当包括其委派的代表姓名；

（五）农民专业合作社（联合社）：名称、类型、经营范围、住所、出资额、法定代表人姓名；

（六）分支机构：名称、类型、经营范围、经营场所、负责人姓名；

（七）个体工商户：组成形式、经营范围、经营场所，经营者姓名、住所。个体工商户使用名称的，登记事项还应当包括名称；

（八）法律、行政法规规定的其他事项。

第七条 市场主体应当按照类型依法备案下列事项：

（一）公司：章程、经营期限、有限责任公司股东或者股份有限公司发起人认缴的出资数额、董事、监事、高级管理人员、登记联络员、外商投资公司法律文件送达接受人；

（二）非公司企业法人：章程、经营期限、登记联络员；

（三）个人独资企业：登记联络员；

（四）合伙企业：合伙协议、合伙期限、合伙人认缴或者实际缴付的出资数额、缴付期限和出资方式、登记联络员、外商投资合伙企业法律文件送达接受人；

（五）农民专业合作社（联合社）：章程、成员、登记联络员；

（六）分支机构：登记联络员；

（七）个体工商户：家庭参加经营的家庭成员姓名、登记联络员；

（八）公司、合伙企业等市场主体受益所有人相关信息；

（九）法律、行政法规规定的其他事项。

上述备案事项由登记机关在设立登记时一并进行信息采集。

受益所有人信息管理制度由中国人民银行会同国家市场监督管理总局另行制定。

**第八条** 市场主体名称由申请人依法自主申报。

**第九条** 申请人应当依法申请登记下列市场主体类型：

（一）有限责任公司、股份有限公司；

（二）全民所有制企业、集体所有制企业、联营企业；

（三）个人独资企业；

（四）普通合伙（含特殊普通合伙）企业、有限合伙企业；

（五）农民专业合作社、农民专业合作社联合社；

（六）个人经营的个体工商户、家庭经营的个体工商户。

分支机构应当按所属市场主体类型注明分公司或者相应的分支机构。

**第十条** 申请人应当根据市场主体类型依法向其住所（主要经营场所、经营场所）所在地具有登记管辖权的登记机关办理登记。

**第十一条** 申请人申请登记市场主体法定代表人、执行事务合伙人（含委派代表），应当符合章程或者协议约定。

合伙协议未约定或者全体合伙人未决定委托执行事务合伙人的，除有限合伙人外，申请人应当将其他合伙人均登记为执行事务合伙人。

**第十二条** 申请人应当按照国家市场监督管理总局发布的经营范围规范目录，根据市场主体主要行业或者经营特征自主选择一般经营项目和许可经营项目，申请办理经营范围登记。

**第十三条** 申请人申请登记的市场主体注册资本（出资额）应当符合章程或者协议约定。

市场主体注册资本（出资额）以人民币表示。外商投资企业的注册资本

(出资额)可以用可自由兑换的货币表示。

依法以境内公司股权或者债权出资的,应当权属清楚、权能完整,依法可以评估、转让,符合公司章程规定。

## 第三章 登记规范

**第十四条** 申请人可以自行或者指定代表人、委托代理人办理市场主体登记、备案事项。

**第十五条** 申请人应当在申请材料上签名或者盖章。

申请人可以通过全国统一电子营业执照系统等电子签名工具和途径进行电子签名或者电子签章。符合法律规定的可靠电子签名、电子签章与手写签名或者盖章具有同等法律效力。

**第十六条** 在办理登记、备案事项时,申请人应当配合登记机关通过实名认证系统,采用人脸识别等方式对下列人员进行实名验证:

(一)法定代表人、执行事务合伙人(含委派代表)、负责人;

(二)有限责任公司股东、股份有限公司发起人、公司董事、监事及高级管理人员;

(三)个人独资企业投资人、合伙企业合伙人、农民专业合作社(联合社)成员、个体工商户经营者;

(四)市场主体登记联络员、外商投资企业法律文件送达接受人;

(五)指定的代表人或者委托代理人。

因特殊原因,当事人无法通过实名认证系统核验身份信息的,可以提交经依法公证的自然人身份证明文件,或者由本人持身份证件到现场办理。

**第十七条** 办理市场主体登记、备案事项,申请人可以到登记机关现场提交申请,也可以通过市场主体登记注册系统提出申请。

申请人对申请材料的真实性、合法性、有效性负责。

办理市场主体登记、备案事项,应当遵守法律法规,诚实守信,不得利用市场主体登记,牟取非法利益,扰乱市场秩序,危害国家安全、社会公共利益。

**第十八条** 申请材料齐全、符合法定形式的,登记机关予以确认,并当场登记,出具登记通知书,及时制发营业执照。

不予当场登记的,登记机关应当向申请人出具接收申请材料凭证,并在3个工作日内对申请材料进行审查;情形复杂的,经登记机关负责人批准，可以延长 3 个工作日，并书面告知申请人。

申请材料不齐全或者不符合法定形式的，登记机关应当将申请材料退还申请人，并一次性告知申请人需要补正的材料。申请人补正后，应当重新提交申请材料。

不属于市场主体登记范畴或者不属于本登记机关登记管辖范围的事项，登记机关应当告知申请人向有关行政机关申请。

第十九条　市场主体登记申请不符合法律、行政法规或者国务院决定规定，或者可能危害国家安全、社会公共利益的，登记机关不予登记，并出具不予登记通知书。

利害关系人就市场主体申请材料的真实性、合法性、有效性或者其他有关实体权利提起诉讼或者仲裁，对登记机关依法登记造成影响的，申请人应当在诉讼或者仲裁终结后，向登记机关申请办理登记。

第二十条　市场主体法定代表人依法受到任职资格限制的，在申请办理其他变更登记时，应当依法及时申请办理法定代表人变更登记。

市场主体因通过登记的住所（主要经营场所、经营场所）无法取得联系被列入经营异常名录的，在申请办理其他变更登记时，应当依法及时申请办理住所（主要经营场所、经营场所）变更登记。

第二十一条　公司或者农民专业合作社（联合社）合并、分立的，可以通过国家企业信用信息公示系统公告，公告期 45 日，应当于公告期届满后申请办理登记。

非公司企业法人合并、分立的，应当经出资人（主管部门）批准，自批准之日起 30 日内申请办理登记。

市场主体设立分支机构的，应当自决定作出之日起 30 日内向分支机构所在地登记机关申请办理登记。

第二十二条　法律、行政法规或者国务院决定规定市场主体申请登记、备案事项前需要审批的，在办理登记、备案时，应当在有效期内提交有关批准文件或者许可证书。有关批准文件或者许可证书未规定有效期限，自批准之日起超过 90 日的，申请人应当报审批机关确认其效力或者另行报批。

市场主体设立后，前款规定批准文件或者许可证书内容有变化、被吊销、撤销或者有效期届满的，应当自批准文件、许可证书重新批准之日或者被吊销、撤销、有效期届满之日起 30 日内申请办理变更登记或者注销登记。

**第二十三条** 市场主体营业执照应当载明名称、法定代表人（执行事务合伙人、个人独资企业投资人、经营者或者负责人）姓名、类型（组成形式）、注册资本（出资额）、住所（主要经营场所、经营场所）、经营范围、登记机关、成立日期、统一社会信用代码。

电子营业执照与纸质营业执照具有同等法律效力，市场主体可以凭电子营业执照开展经营活动。

市场主体在办理涉及营业执照记载事项变更登记或者申请注销登记时，需要在提交申请时一并缴回纸质营业执照正、副本。对于市场主体营业执照拒不缴回或者无法缴回的，登记机关在完成变更登记或者注销登记后，通过国家企业信用信息公示系统公告营业执照作废。

**第二十四条** 外国投资者在中国境内设立外商投资企业，其主体资格文件或者自然人身份证明应当经所在国家公证机关公证并经中国驻该国使（领）馆认证。中国与有关国家缔结或者共同参加的国际条约对认证另有规定的除外。

香港特别行政区、澳门特别行政区和台湾地区投资者的主体资格文件或者自然人身份证明应当按照专项规定或者协议，依法提供当地公证机构的公证文件。按照国家有关规定，无需提供公证文件的除外。

## 第四章　设立登记

**第二十五条** 申请办理设立登记，应当提交下列材料：

（一）申请书；

（二）申请人主体资格文件或者自然人身份证明；

（三）住所（主要经营场所、经营场所）相关文件；

（四）公司、非公司企业法人、农民专业合作社（联合社）章程或者合伙企业合伙协议。

**第二十六条** 申请办理公司设立登记，还应当提交法定代表人、董事、监事和高级管理人员的任职文件和自然人身份证明。

除前款规定的材料外，募集设立股份有限公司还应当提交依法设立的验资机构出具的验资证明；公开发行股票的，还应当提交国务院证券监督管理机构的核准或者注册文件。涉及发起人首次出资属于非货币财产的，还应当提交已办理财产权转移手续的证明文件。

**第二十七条** 申请设立非公司企业法人，还应当提交法定代表人的任职文件和自然人身份证明。

**第二十八条** 申请设立合伙企业，还应当提交下列材料：

（一）法律、行政法规规定设立特殊的普通合伙企业需要提交合伙人的职业资格文件的，提交相应材料；

（二）全体合伙人决定委托执行事务合伙人的，应当提交全体合伙人的委托书和执行事务合伙人的主体资格文件或者自然人身份证明。执行事务合伙人是法人或者其他组织的，还应当提交其委派代表的委托书和自然人身份证明。

**第二十九条** 申请设立农民专业合作社（联合社），还应当提交下列材料：

（一）全体设立人签名或者盖章的设立大会纪要；

（二）法定代表人、理事的任职文件和自然人身份证明；

（三）成员名册和出资清单，以及成员主体资格文件或者自然人身份证明。

**第三十条** 申请办理分支机构设立登记，还应当提交负责人的任职文件和自然人身份证明。

## 第五章  变更登记

**第三十一条** 市场主体变更登记事项，应当自作出变更决议、决定或者法定变更事项发生之日起 30 日内申请办理变更登记。

市场主体登记事项变更涉及分支机构登记事项变更的，应当自市场主体登记事项变更登记之日起 30 日内申请办理分支机构变更登记。

**第三十二条** 申请办理变更登记，应当提交申请书，并根据市场主体类型及具体变更事项分别提交下列材料：

（一）公司变更事项涉及章程修改的，应当提交修改后的章程或者章程修正案；需要对修改章程作出决议决定的，还应当提交相关决议决定；

（二）合伙企业应当提交全体合伙人或者合伙协议约定的人员签署的变更决定书；变更事项涉及修改合伙协议的，应当提交由全体合伙人签署或者合伙协议约定的人员签署修改或者补充的合伙协议；

（三）农民专业合作社（联合社）应当提交成员大会或者成员代表大会作出的变更决议；变更事项涉及章程修改的应当提交修改后的章程或者章

程修正案。

第三十三条　市场主体更换法定代表人、执行事务合伙人（含委派代表）、负责人的变更登记申请由新任法定代表人、执行事务合伙人（含委派代表）、负责人签署。

第三十四条　市场主体变更名称，可以自主申报名称并在保留期届满前申请变更登记，也可以直接申请变更登记。

第三十五条　市场主体变更住所（主要经营场所、经营场所），应当在迁入新住所（主要经营场所、经营场所）前向迁入地登记机关申请变更登记，并提交新的住所（主要经营场所、经营场所）使用相关文件。

第三十六条　市场主体变更注册资本或者出资额的，应当办理变更登记。

公司增加注册资本，有限责任公司股东认缴新增资本的出资和股份有限公司的股东认购新股的，应当按照设立时缴纳出资和缴纳股款的规定执行。股份有限公司以公开发行新股方式或者上市公司以非公开发行新股方式增加注册资本，还应当提交国务院证券监督管理机构的核准或者注册文件。

公司减少注册资本，可以通过国家企业信用信息公示系统公告，公告期45日，应当于公告期届满后申请变更登记。法律、行政法规或者国务院决定对公司注册资本有最低限额规定的，减少后的注册资本应当不少于最低限额。

外商投资企业注册资本（出资额）币种发生变更，应当向登记机关申请变更登记。

第三十七条　公司变更类型，应当按照拟变更公司类型的设立条件，在规定的期限内申请变更登记，并提交有关材料。

非公司企业法人申请改制为公司，应当按照拟变更的公司类型设立条件，在规定期限内申请变更登记，并提交有关材料。

个体工商户申请转变为企业组织形式，应当按照拟变更的企业类型设立条件申请登记。

第三十八条　个体工商户变更经营者，应当在办理注销登记后，由新的经营者重新申请办理登记。双方经营者同时申请办理的，登记机关可以合并办理。

第三十九条　市场主体变更备案事项的，应当按照《条例》第二十九条规定办理备案。

农民专业合作社因成员发生变更，农民成员低于法定比例的，应当自事由发生之日起 6 个月内采取吸收新的农民成员入社等方式使农民成员达到法定比例。农民专业合作社联合社成员退社，成员数低于联合社设立法定条件的，应当自事由发生之日起 6 个月内采取吸收新的成员入社等方式使农民专业合作社联合社成员达到法定条件。

## 第六章 歇 业

第四十条 因自然灾害、事故灾难、公共卫生事件、社会安全事件等原因造成经营困难的，市场主体可以自主决定在一定时期内歇业。法律、行政法规另有规定的除外。

第四十一条 市场主体决定歇业，应当在歇业前向登记机关办理备案。登记机关通过国家企业信用信息公示系统向社会公示歇业期限、法律文书送达地址等信息。

以法律文书送达地址代替住所（主要经营场所、经营场所）的，应当提交法律文书送达地址确认书。

市场主体延长歇业期限，应当于期限届满前 30 日内按规定办理。

第四十二条 市场主体办理歇业备案后，自主决定开展或者已实际开展经营活动的，应当于 30 日内在国家企业信用信息公示系统上公示终止歇业。

市场主体恢复营业时，登记、备案事项发生变化的，应当及时办理变更登记或者备案。以法律文书送达地址代替住所（主要经营场所、经营场所）的，应当及时办理住所（主要经营场所、经营场所）变更登记。

市场主体备案的歇业期限届满，或者累计歇业满 3 年，视为自动恢复经营，决定不再经营的，应当及时办理注销登记。

第四十三条 歇业期间，市场主体以法律文书送达地址代替原登记的住所（主要经营场所、经营场所）的，不改变歇业市场主体的登记管辖。

## 第七章 注销登记

第四十四条 市场主体因解散、被宣告破产或者其他法定事由需要终止的，应当依法向登记机关申请注销登记。依法需要清算的，应当自清算结束之日起 30 日内申请注销登记。依法不需要清算的，应当自决定作出之日起30日内申请注销登记。市场主体申请注销后，不得从事与注销无关的生产经营活动。自登记机关予以注销登记之日起，市场主体终止。

第四十五条　市场主体注销登记前依法应当清算的，清算组应当自成立之日起10日内将清算组成员、清算组负责人名单通过国家企业信用信息公示系统公告。清算组可以通过国家企业信用信息公示系统发布债权人公告。

第四十六条　申请办理注销登记，应当提交下列材料：

（一）申请书；

（二）依法作出解散、注销的决议或者决定，或者被行政机关吊销营业执照、责令关闭、撤销的文件；

（三）清算报告、负责清理债权债务的文件或者清理债务完结的证明；

（四）税务部门出具的清税证明。

除前款规定外，人民法院指定清算人、破产管理人进行清算的，应当提交人民法院指定证明；合伙企业分支机构申请注销登记，还应当提交全体合伙人签署的注销分支机构决定书。

个体工商户申请注销登记的，无需提交第（二）项、第（三）项材料；因合并、分立而申请市场主体注销登记的，无需提交第（三）项材料。

第四十七条　申请办理简易注销登记，应当提交申请书和全体投资人承诺书。

第四十八条　有下列情形之一的，市场主体不得申请办理简易注销登记：

（一）在经营异常名录或者市场监督管理严重违法失信名单中的；

（二）存在股权（财产份额）被冻结、出质或者动产抵押，或者对其他市场主体存在投资的；

（三）正在被立案调查或者采取行政强制措施，正在诉讼或者仲裁程序中的；

（四）被吊销营业执照、责令关闭、撤销的；

（五）受到罚款等行政处罚尚未执行完毕的；

（六）不符合《条例》第三十三条规定的其他情形。

第四十九条　申请办理简易注销登记，市场主体应当将承诺书及注销登记申请通过国家企业信用信息公示系统公示，公示期为20日。

在公示期内无相关部门、债权人及其他利害关系人提出异议的，市场主体可以于公示期届满之日起 20 日内向登记机关申请注销登记。

## 第八章　撤销登记

第五十条　对涉嫌提交虚假材料或者采取其他欺诈手段隐瞒重要事实取得市场主体登记的行为，登记机关可以根据当事人申请或者依职权主动进行调查。

第五十一条　受虚假登记影响的自然人、法人和其他组织，可以向登记机关提出撤销市场主体登记申请。涉嫌冒用自然人身份的虚假登记，被冒用人应当配合登记机关通过线上或者线下途径核验身份信息。

涉嫌虚假登记市场主体的登记机关发生变更的，由现登记机关负责处理撤销登记，原登记机关应当协助进行调查。

第五十二条　登记机关收到申请后，应当在 3 个工作日内作出是否受理的决定，并书面通知申请人。

有下列情形之一的，登记机关可以不予受理：

（一）涉嫌冒用自然人身份的虚假登记，被冒用人未能通过身份信息核验的；

（二）涉嫌虚假登记的市场主体已注销的，申请撤销注销登记的除外；

（三）其他依法不予受理的情形。

第五十三条　登记机关受理申请后，应当于 3 个月内完成调查，并及时作出撤销或者不予撤销市场主体登记的决定。情形复杂的，经登记机关负责人批准，可以延长 3 个月。

在调查期间，相关市场主体和人员无法联系或者拒不配合的，登记机关可以将涉嫌虚假登记市场主体的登记时间、登记事项，以及登记机关联系方式等信息通过国家企业信用信息公示系统向社会公示，公示期 45 日。相关市场主体及其利害关系人在公示期内没有提出异议的，登记机关可以撤销市场主体登记。

第五十四条　有下列情形之一的，经当事人或者其他利害关系人申请，登记机关可以中止调查：

（一）有证据证明与涉嫌虚假登记相关的民事权利存在争议的；

（二）涉嫌虚假登记的市场主体正在诉讼或者仲裁程序中的；

（三）登记机关收到有关部门出具的书面意见，证明涉嫌虚假登记的市场主体或者其法定代表人、负责人存在违法案件尚未结案，或者尚未履行相关法定义务的。

第五十五条 有下列情形之一的，登记机关可以不予撤销市场主体登记：

（一）撤销市场主体登记可能对社会公共利益造成重大损害；

（二）撤销市场主体登记后无法恢复到登记前的状态；

（三）法律、行政法规规定的其他情形。

第五十六条 登记机关作出撤销登记决定后，应当通过国家企业信用信息公示系统向社会公示。

第五十七条 同一登记包含多个登记事项，其中部分登记事项被认定为虚假，撤销虚假的登记事项不影响市场主体存续的，登记机关可以仅撤销虚假的登记事项。

第五十八条 撤销市场主体备案事项的，参照本章规定执行。

## 第九章　档案管理

第五十九条 登记机关应当负责建立市场主体登记管理档案，对在登记、备案过程中形成的具有保存价值的文件依法分类，有序收集管理，推动档案电子化、影像化，提供市场主体登记管理档案查询服务。

第六十条 申请查询市场主体登记管理档案，应当按照下列要求提交材料：

（一）公安机关、国家安全机关、检察机关、审判机关、纪检监察机关、审计机关等国家机关进行查询，应当出具本部门公函及查询人员的有效证件；

（二）市场主体查询自身登记管理档案，应当出具授权委托书及查询人员的有效证件；

（三）律师查询与承办法律事务有关市场主体登记管理档案，应当出具执业证书、律师事务所证明以及相关承诺书。

除前款规定情形外，省级以上市场监督管理部门可以结合工作实际，依法对档案查询范围以及提交材料作出规定。

第六十一条 登记管理档案查询内容涉及国家秘密、商业秘密、个人信息的，应当按照有关法律法规规定办理。

第六十二条 市场主体发生住所（主要经营场所、经营场所）迁移的，登记机关应当于3个月内将所有登记管理档案移交迁入地登记机关管理。

档案迁出、迁入应当记录备案。

## 第十章 监督管理

**第六十三条** 市场主体应当于每年 1 月 1 日至 6 月 30 日，通过国家企业信用信息公示系统报送上一年度年度报告，并向社会公示。

个体工商户可以通过纸质方式报送年度报告，并自主选择年度报告内容是否向社会公示。

歇业的市场主体应当按时公示年度报告。

**第六十四条** 市场主体应当将营业执照（含电子营业执照）置于住所（主要经营场所、经营场所）的醒目位置。

从事电子商务经营的市场主体应当在其首页显著位置持续公示营业执照信息或者其链接标识。

营业执照记载的信息发生变更时，市场主体应当于 15 日内完成对应信息的更新公示。市场主体被吊销营业执照的，登记机关应当将吊销情况标注于电子营业执照中。

**第六十五条** 登记机关应当对登记注册、行政许可、日常监管、行政执法中的相关信息进行归集，根据市场主体的信用风险状况实施分级分类监管，并强化信用风险分类结果的综合应用。

**第六十六条** 登记机关应当随机抽取检查对象、随机选派执法检查人员，对市场主体的登记备案事项、公示信息情况等进行抽查，并将抽查检查结果通过国家企业信用信息公示系统向社会公示。必要时可以委托会计师事务所、税务师事务所、律师事务所等专业机构开展审计、验资、咨询等相关工作，依法使用其他政府部门作出的检查、核查结果或者专业机构作出的专业结论。

**第六十七条** 市场主体被撤销设立登记、吊销营业执照、责令关闭，6 个月内未办理清算组公告或者未申请注销登记的，登记机关可以在国家企业信用信息公示系统上对其作出特别标注并予以公示。

## 第十一章 法律责任

**第六十八条** 未经设立登记从事一般经营活动的，由登记机关责令改正，没收违法所得；拒不改正的，处 1 万元以上 10 万元以下的罚款；情节严重的，依法责令关闭停业，并处 10 万元以上 50 万元以下的罚款。

第六十九条 未经设立登记从事许可经营活动或者未依法取得许可从事经营活动的,由法律、法规或者国务院决定规定的部门予以查处;法律、法规或者国务院决定没有规定或者规定不明确的,由省、自治区、直辖市人民政府确定的部门予以查处。

第七十条 市场主体未按照法律、行政法规规定的期限公示或者报送年度报告的,由登记机关列入经营异常名录,可以处1万元以下的罚款。

第七十一条 提交虚假材料或者采取其他欺诈手段隐瞒重要事实取得市场主体登记的,由登记机关依法责令改正,没收违法所得,并处5万元以上20万元以下的罚款;情节严重的,处20万元以上100万元以下的罚款,吊销营业执照。

明知或者应当知道申请人提交虚假材料或者采取其他欺诈手段隐瞒重要事实进行市场主体登记,仍接受委托代为办理,或者协助其进行虚假登记,由登记机关没收违法所得,处10万元以下的罚款。

虚假市场主体登记的直接责任人自市场主体登记被撤销之日起3年内不得再次申请市场主体登记。登记机关应当通过国家企业信用信息公示系统予以公示。

第七十二条 市场主体未按规定办理变更登记的,由登记机关责令改正;拒不改正的,处1万元以上10万元以下的罚款;情节严重的,吊销营业执照。

第七十三条 市场主体未按规定办理备案的,由登记机关责令改正;拒不改正的,处5万元以下的罚款。

依法应当办理受益所有人信息备案的市场主体,未办理备案的,按照前款规定处理。

第七十四条 市场主体未按照本实施细则第四十二条规定公示终止歇业的,由登记机关责令改正;拒不改正的,处3万元以下的罚款。

第七十五条 市场主体未按规定将营业执照置于住所(主要经营场所、经营场所)醒目位置的,由登记机关责令改正;拒不改正的,处3万元以下的罚款。

电子商务经营者未在首页显著位置持续公示营业执照信息或者相关链接标识的,由登记机关依照《中华人民共和国电子商务法》处罚。

市场主体伪造、涂改、出租、出借、转让营业执照的,由登记机关没收违法所得,处10万元以下的罚款;情节严重的,处10万元以上50万元以下的罚款，吊销营业执照。

**第七十六条** 利用市场主体登记，牟取非法利益，扰乱市场秩序，危害国家安全、社会公共利益的，法律、行政法规有规定的，依照其规定；法律、行政法规没有规定的，由登记机关处10万元以下的罚款。

**第七十七条** 违反本实施细则规定，登记机关确定罚款幅度时，应当综合考虑市场主体的类型、规模、违法情节等因素。

情节轻微并及时改正，没有造成危害后果的，依法不予行政处罚。初次违法且危害后果轻微并及时改正的，可以不予行政处罚。当事人有证据足以证明没有主观过错的，不予行政处罚。

## 第十二章 附 则

**第七十八条** 本实施细则所指申请人，包括设立登记时的申请人、依法设立后的市场主体。

**第七十九条** 人民法院办理案件需要登记机关协助执行的，登记机关应当按照人民法院的生效法律文书和协助执行通知书，在法定职责范围内办理协助执行事项。

**第八十条** 国家市场监督管理总局根据法律、行政法规、国务院决定及本实施细则，制定登记注册前置审批目录、登记材料和文书格式。

**第八十一条** 法律、行政法规或者国务院决定对登记管理另有规定的，从其规定。

**第八十二条** 本实施细则自公布之日起施行。1988年11月3日原国家工商行政管理局令第1号公布的《中华人民共和国企业法人登记管理条例施行细则》，2000年1月13日原国家工商行政管理局令第94号公布的《个人独资企业登记管理办法》，2011年9月30日原国家工商行政管理总局令第56号公布的《个体工商户登记管理办法》，2014年2月20日原国家工商行政管理总局令第64号公布的《公司注册资本登记管理规定》，2015年8月27日原国家工商行政管理总局令第76号公布的《企业经营范围登记管理规定》同时废止。

# 附录五　中华人民共和国农民专业合作社法

## 中华人民共和国农民专业合作社法

（2006年10月31日第十届全国人民代表大会常务委员会第二十四次会议通过　2017年12月27日第十二届全国人民代表大会常务委员会第三十一次会议修订）

### 目　录

第一章　总则
第二章　设立和登记
第三章　成员
第四章　组织机构
第五章　财务管理
第六章　合并、分立、解散和清算
第七章　农民专业合作社联合社
第八章　扶持措施
第九章　法律责任
第十章　附则

## 第一章　总　则

**第一条**　为了规范农民专业合作社的组织和行为，鼓励、支持、引导农民专业合作社的发展，保护农民专业合作社及其成员的合法权益，推进农业农村现代化，制定本法。

**第二条**　本法所称农民专业合作社，是指在农村家庭承包经营基础上，农产品的生产经营者或者农业生产经营服务的提供者、利用者，自愿联合、民主管理的互助性经济组织。

**第三条**　农民专业合作社以其成员为主要服务对象，开展以下一种或者多种业务：

（一）农业生产资料的购买、使用；

（二）农产品的生产、销售、加工、运输、贮藏及其他相关服务；

（三）农村民间工艺及制品、休闲农业和乡村旅游资源的开发经营等；

（四）与农业生产经营有关的技术、信息、设施建设运营等服务。

**第四条**　农民专业合作社应当遵循下列原则：

（一）成员以农民为主体；
（二）以服务成员为宗旨，谋求全体成员的共同利益；
（三）入社自愿、退社自由；
（四）成员地位平等，实行民主管理；
（五）盈余主要按照成员与农民专业合作社的交易量（额）比例返还。

第五条 农民专业合作社依照本法登记，取得法人资格。

农民专业合作社对由成员出资、公积金、国家财政直接补助、他人捐赠以及合法取得的其他资产所形成的财产，享有占有、使用和处分的权利，并以上述财产对债务承担责任。

第六条 农民专业合作社成员以其账户内记载的出资额和公积金份额为限对农民专业合作社承担责任。

第七条 国家保障农民专业合作社享有与其他市场主体平等的法律地位。

国家保护农民专业合作社及其成员的合法权益，任何单位和个人不得侵犯。

第八条 农民专业合作社从事生产经营活动，应当遵守法律，遵守社会公德、商业道德，诚实守信，不得从事与章程规定无关的活动。

第九条 农民专业合作社为扩大生产经营和服务的规模，发展产业化经营，提高市场竞争力，可以依法自愿设立或者加入农民专业合作社联合社。

第十条 国家通过财政支持、税收优惠和金融、科技、人才的扶持以及产业政策引导等措施，促进农民专业合作社的发展。

国家鼓励和支持公民、法人和其他组织为农民专业合作社提供帮助和服务。

对发展农民专业合作社事业做出突出贡献的单位和个人，按照国家有关规定予以表彰和奖励。

第十一条 县级以上人民政府应当建立农民专业合作社工作的综合协调机制，统筹指导、协调、推动农民专业合作社的建设和发展。

县级以上人民政府农业主管部门、其他有关部门和组织应当依据各自职责，对农民专业合作社的建设和发展给予指导、扶持和服务。

## 第二章 设立和登记

**第十二条** 设立农民专业合作社,应当具备下列条件:

(一) 有五名以上符合本法第十九条、第二十条规定的成员;

(二) 有符合本法规定的章程;

(三) 有符合本法规定的组织机构;

(四) 有符合法律、行政法规规定的名称和章程确定的住所;

(五) 有符合章程规定的成员出资。

**第十三条** 农民专业合作社成员可以用货币出资,也可以用实物、知识产权、土地经营权、林权等可以用货币估价并可以依法转让的非货币财产,以及章程规定的其他方式作价出资;但是,法律、行政法规规定不得作为出资的财产除外。

农民专业合作社成员不得以对该社或者其他成员的债权,充抵出资;不得以缴纳的出资,抵销对该社或者其他成员的债务。

**第十四条** 设立农民专业合作社,应当召开由全体设立人参加的设立大会。设立时自愿成为该社成员的人为设立人。

设立大会行使下列职权:

(一) 通过本社章程,章程应当由全体设立人一致通过;

(二) 选举产生理事长、理事、执行监事或者监事会成员;

(三) 审议其他重大事项。

**第十五条** 农民专业合作社章程应当载明下列事项:

(一) 名称和住所;

(二) 业务范围;

(三) 成员资格及入社、退社和除名;

(四) 成员的权利和义务;

(五) 组织机构及其产生办法、职权、任期、议事规则;

(六) 成员的出资方式、出资额,成员出资的转让、继承、担保;

(七) 财务管理和盈余分配、亏损处理;

(八) 章程修改程序;

(九) 解散事由和清算办法;

(十) 公告事项及发布方式;

(十一) 附加表决权的设立、行使方式和行使范围;

（十二）需要载明的其他事项。

第十六条 设立农民专业合作社，应当向工商行政管理部门提交下列文件，申请设立登记：

（一）登记申请书；

（二）全体设立人签名、盖章的设立大会纪要；

（三）全体设立人签名、盖章的章程；

（四）法定代表人、理事的任职文件及身份证明；

（五）出资成员签名、盖章的出资清单；

（六）住所使用证明；

（七）法律、行政法规规定的其他文件。

登记机关应当自受理登记申请之日起二十日内办理完毕，向符合登记条件的申请者颁发营业执照，登记类型为农民专业合作社。

农民专业合作社法定登记事项变更的，应当申请变更登记。

登记机关应当将农民专业合作社的登记信息通报同级农业等有关部门。

农民专业合作社登记办法由国务院规定。办理登记不得收取费用。

第十七条 农民专业合作社应当按照国家有关规定，向登记机关报送年度报告，并向社会公示。

第十八条 农民专业合作社可以依法向公司等企业投资，以其出资额为限对所投资企业承担责任。

## 第三章 成　员

第十九条 具有民事行为能力的公民，以及从事与农民专业合作社业务直接有关的生产经营活动的企业、事业单位或者社会组织，能够利用农民专业合作社提供的服务，承认并遵守农民专业合作社章程，履行章程规定的入社手续的，可以成为农民专业合作社的成员。但是，具有管理公共事务职能的单位不得加入农民专业合作社。

农民专业合作社应当置备成员名册，并报登记机关。

第二十条 农民专业合作社的成员中，农民至少应当占成员总数的百分之八十。

成员总数二十人以下的，可以有一个企业、事业单位或者社会组织成员；成员总数超过二十人的，企业、事业单位和社会组织成员不得超过成员总数的百分之五。

第二十一条　农民专业合作社成员享有下列权利：

（一）参加成员大会，并享有表决权、选举权和被选举权，按照章程规定对本社实行民主管理；

（二）利用本社提供的服务和生产经营设施；

（三）按照章程规定或者成员大会决议分享盈余；

（四）查阅本社的章程、成员名册、成员大会或者成员代表大会记录、理事会会议决议、监事会会议决议、财务会计报告、会计账簿和财务审计报告；

（五）章程规定的其他权利。

第二十二条　农民专业合作社成员大会选举和表决，实行一人一票制，成员各享有一票的基本表决权。

出资额或者与本社交易量（额）较大的成员按照章程规定，可以享有附加表决权。本社的附加表决权总票数，不得超过本社成员基本表决权总票数的百分之二十。享有附加表决权的成员及其享有的附加表决权数，应当在每次成员大会召开时告知出席会议的全体成员。

第二十三条　农民专业合作社成员承担下列义务：

（一）执行成员大会、成员代表大会和理事会的决议；

（二）按照章程规定向本社出资；

（三）按照章程规定与本社进行交易；

（四）按照章程规定承担亏损；

（五）章程规定的其他义务。

第二十四条　符合本法第十九条、第二十条规定的公民、企业、事业单位或者社会组织，要求加入已成立的农民专业合作社，应当向理事长或者理事会提出书面申请，经成员大会或者成员代表大会表决通过后，成为本社成员。

第二十五条　农民专业合作社成员要求退社的，应当在会计年度终了的三个月前向理事长或者理事会提出书面申请；其中，企业、事业单位或者社会组织成员退社，应当在会计年度终了的六个月前提出；章程另有规定的，从其规定。退社成员的成员资格自会计年度终了时终止。

第二十六条　农民专业合作社成员不遵守农民专业合作社的章程、成员大会或者成员代表大会的决议，或者严重危害其他成员及农民专业合作社利益的，可以予以除名。

成员的除名，应当经成员大会或者成员代表大会表决通过。

在实施前款规定时，应当为该成员提供陈述意见的机会。

被除名成员的成员资格自会计年度终了时终止。

**第二十七条** 成员在其资格终止前与农民专业合作社已订立的合同，应当继续履行；章程另有规定或者与本社另有约定的除外。

**第二十八条** 成员资格终止的，农民专业合作社应当按照章程规定的方式和期限，退还记载在该成员账户内的出资额和公积金份额；对成员资格终止前的可分配盈余，依照本法第四十四条的规定向其返还。

资格终止的成员应当按照章程规定分摊资格终止前本社的亏损及债务。

## 第四章 组织机构

**第二十九条** 农民专业合作社成员大会由全体成员组成，是本社的权力机构，行使下列职权：

（一）修改章程；

（二）选举和罢免理事长、理事、执行监事或者监事会成员；

（三）决定重大财产处置、对外投资、对外担保和生产经营活动中的其他重大事项；

（四）批准年度业务报告、盈余分配方案、亏损处理方案；

（五）对合并、分立、解散、清算，以及设立、加入联合社等作出决议；

（六）决定聘用经营管理人员和专业技术人员的数量、资格和任期；

（七）听取理事长或者理事会关于成员变动情况的报告，对成员的入社、除名等作出决议；

（八）公积金的提取及使用；

（九）章程规定的其他职权。

**第三十条** 农民专业合作社召开成员大会，出席人数应当达到成员总数三分之二以上。

成员大会选举或者作出决议，应当由本社成员表决权总数过半数通过；作出修改章程或者合并、分立、解散，以及设立、加入联合社的决议应当由本社成员表决权总数的三分之二以上通过。章程对表决权数有较高规定的，从其规定。

**第三十一条** 农民专业合作社成员大会每年至少召开一次，会议的召集由章程规定。有下列情形之一的，应当在二十日内召开临时成员大会：

（一）百分之三十以上的成员提议；

（二）执行监事或者监事会提议；

（三）章程规定的其他情形。

第三十二条　农民专业合作社成员超过一百五十人的，可以按照章程规定设立成员代表大会。成员代表大会按照章程规定可以行使成员大会的部分或者全部职权。

依法设立成员代表大会的，成员代表人数一般为成员总人数的百分之十，最低人数为五十一人。

第三十三条　农民专业合作社设理事长一名，可以设理事会。理事长为本社的法定代表人。

农民专业合作社可以设执行监事或者监事会。理事长、理事、经理和财务会计人员不得兼任监事。

理事长、理事、执行监事或者监事会成员，由成员大会从本社成员中选举产生，依照本法和章程的规定行使职权，对成员大会负责。

理事会会议、监事会会议的表决，实行一人一票。

第三十四条　农民专业合作社的成员大会、成员代表大会、理事会、监事会，应当将所议事项的决定作成会议记录，出席会议的成员、成员代表、理事、监事应当在会议记录上签名。

第三十五条　农民专业合作社的理事长或者理事会可以按照成员大会的决定聘任经理和财务会计人员，理事长或者理事可以兼任经理。经理按照章程规定或者理事会的决定，可以聘任其他人员。

经理按照章程规定和理事长或者理事会授权，负责具体生产经营活动。

第三十六条　农民专业合作社的理事长、理事和管理人员不得有下列行为：

（一）侵占、挪用或者私分本社资产；

（二）违反章程规定或者未经成员大会同意，将本社资金借贷给他人或者以本社资产为他人提供担保；

（三）接受他人与本社交易的佣金归为己有；

（四）从事损害本社经济利益的其他活动。

理事长、理事和管理人员违反前款规定所得的收入，应当归本社所有；给本社造成损失的，应当承担赔偿责任。

第三十七条　农民专业合作社的理事长、理事、经理不得兼任业务性质相同的其他农民专业合作社的理事长、理事、监事、经理。

第三十八条　执行与农民专业合作社业务有关公务的人员，不得担任农民专业合作社的理事长、理事、监事、经理或者财务会计人员。

## 第五章　财务管理

第三十九条　农民专业合作社应当按照国务院财政部门制定的财务会计制度进行财务管理和会计核算。

第四十条　农民专业合作社的理事长或者理事会应当按照章程规定，组织编制年度业务报告、盈余分配方案、亏损处理方案以及财务会计报告，于成员大会召开的十五日前，置备于办公地点，供成员查阅。

第四十一条　农民专业合作社与其成员的交易、与利用其提供的服务的非成员的交易，应当分别核算。

第四十二条　农民专业合作社可以按照章程规定或者成员大会决议从当年盈余中提取公积金。公积金用于弥补亏损、扩大生产经营或者转为成员出资。

每年提取的公积金按照章程规定量化为每个成员的份额。

第四十三条　农民专业合作社应当为每个成员设立成员账户，主要记载下列内容：

（一）该成员的出资额；

（二）量化为该成员的公积金份额；

（三）该成员与本社的交易量（额）。

第四十四条　在弥补亏损、提取公积金后的当年盈余，为农民专业合作社的可分配盈余。可分配盈余主要按照成员与本社的交易量（额）比例返还。

可分配盈余按成员与本社的交易量（额）比例返还的返还总额不得低于可分配盈余的百分之六十；返还后的剩余部分，以成员账户中记载的出资额和公积金份额，以及本社接受国家财政直接补助和他人捐赠形成的财产平均量化到成员的份额，按比例分配给本社成员。

经成员大会或者成员代表大会表决同意，可以将全部或者部分可分配盈余转为对农民专业合作社的出资，并记载在成员账户中。

具体分配办法按照章程规定或者经成员大会决议确定。

第四十五条　设立执行监事或者监事会的农民专业合作社，由执行监事或者监事会负责对本社的财务进行内部审计，审计结果应当向成员大会报告。

成员大会也可以委托社会中介机构对本社的财务进行审计。

## 第六章　合并、分立、解散和清算

**第四十六条**　农民专业合作社合并，应当自合并决议作出之日起十日内通知债权人。合并各方的债权、债务应当由合并后存续或者新设的组织承继。

**第四十七条**　农民专业合作社分立，其财产作相应的分割，并应当自分立决议作出之日起十日内通知债权人。分立前的债务由分立后的组织承担连带责任。但是，在分立前与债权人就债务清偿达成的书面协议另有约定的除外。

**第四十八条**　农民专业合作社因下列原因解散：

（一）章程规定的解散事由出现；

（二）成员大会决议解散；

（三）因合并或者分立需要解散；

（四）依法被吊销营业执照或者被撤销。

因前款第（一）项、第（二）项、第（四）项原因解散的，应当在解散事由出现之日起十五日内由成员大会推举成员组成清算组，开始解散清算。逾期不能组成清算组的，成员、债权人可以向人民法院申请指定成员组成清算组进行清算，人民法院应当受理该申请，并及时指定成员组成清算组进行清算。

**第四十九条**　清算组自成立之日起接管农民专业合作社，负责处理与清算有关未了结业务，清理财产和债权、债务，分配清偿债务后的剩余财产，代表农民专业合作社参与诉讼、仲裁或者其他法律程序，并在清算结束时办理注销登记。

**第五十条**　清算组应当自成立之日起十日内通知农民专业合作社成员和债权人，并于六十日内在报纸上公告。债权人应当自接到通知之日起三十日内，未接到通知的自公告之日起四十五日内，向清算组申报债权。如果在规定期间内全部成员、债权人均已收到通知，免除清算组的公告义务。

债权人申报债权，应当说明债权的有关事项，并提供证明材料。清算组应当对债权进行审查、登记。

在申报债权期间，清算组不得对债权人进行清偿。

第五十一条　农民专业合作社因本法第四十八条第（一）项的原因解散，或者人民法院受理破产申请时，不能办理成员退社手续。

第五十二条　清算组负责制定包括清偿农民专业合作社员工的工资及社会保险费用，清偿所欠税款和其他各项债务，以及分配剩余财产在内的清算方案，经成员大会通过或者申请人民法院确认后实施。

清算组发现农民专业合作社的财产不足以清偿债务的，应当依法向人民法院申请破产。

第五十三条　农民专业合作社接受国家财政直接补助形成的财产，在解散、破产清算时，不得作为可分配剩余资产分配给成员，具体按照国务院财政部门有关规定执行。

第五十四条　清算组成员应当忠于职守，依法履行清算义务，因故意或者重大过失给农民专业合作社成员及债权人造成损失的，应当承担赔偿责任。

第五十五条　农民专业合作社破产适用企业破产法的有关规定。但是，破产财产在清偿破产费用和共益债务后，应当优先清偿破产前与农民成员已发生交易但尚未结清的款项。

## 第七章　农民专业合作社联合社

第五十六条　三个以上的农民专业合作社在自愿的基础上，可以出资设立农民专业合作社联合社。

农民专业合作社联合社应当有自己的名称、组织机构和住所，由联合社全体成员制定并承认的章程，以及符合章程规定的成员出资。

第五十七条　农民专业合作社联合社依照本法登记，取得法人资格，领取营业执照，登记类型为农民专业合作社联合社。

第五十八条　农民专业合作社联合社以其全部财产对该社的债务承担责任；农民专业合作社联合社的成员以其出资额为限对农民专业合作社联合社承担责任。

第五十九条　农民专业合作社联合社应当设立由全体成员参加的成员大会，其职权包括修改农民专业合作社联合社章程，选举和罢免农民专业合作社联合社理事长、理事和监事，决定农民专业合作社联合社的经营方案及盈余分配，决定对外投资和担保方案等重大事项。

农民专业合作社联合社不设成员代表大会，可以根据需要设立理事会、监事会或者执行监事。理事长、理事应当由成员社选派的人员担任。

第六十条　农民专业合作社联合社的成员大会选举和表决，实行一社一票。

第六十一条　农民专业合作社联合社可分配盈余的分配办法，按照本法规定的原则由农民专业合作社联合社章程规定。

第六十二条　农民专业合作社联合社成员退社，应当在会计年度终了的六个月前以书面形式向理事会提出。退社成员的成员资格自会计年度终了时终止。

第六十三条　本章对农民专业合作社联合社没有规定的，适用本法关于农民专业合作社的规定。

## 第八章　扶持措施

第六十四条　国家支持发展农业和农村经济的建设项目，可以委托和安排有条件的农民专业合作社实施。

第六十五条　中央和地方财政应当分别安排资金，支持农民专业合作社开展信息、培训、农产品标准与认证、农业生产基础设施建设、市场营销和技术推广等服务。国家对革命老区、民族地区、边疆地区和贫困地区的农民专业合作社给予优先扶助。

县级以上人民政府有关部门应当依法加强对财政补助资金使用情况的监督。

第六十六条　国家政策性金融机构应当采取多种形式，为农民专业合作社提供多渠道的资金支持。具体支持政策由国务院规定。

国家鼓励商业性金融机构采取多种形式，为农民专业合作社及其成员提供金融服务。

国家鼓励保险机构为农民专业合作社提供多种形式的农业保险服务。鼓励农民专业合作社依法开展互助保险。

第六十七条　农民专业合作社享受国家规定的对农业生产、加工、流通、服务和其他涉农经济活动相应的税收优惠。

第六十八条　农民专业合作社从事农产品初加工用电执行农业生产用电价格，农民专业合作社生产性配套辅助设施用地按农用地管理，具体办法由国务院有关部门规定。

## 第九章  法律责任

**第六十九条**  侵占、挪用、截留、私分或者以其他方式侵犯农民专业合作社及其成员的合法财产，非法干预农民专业合作社及其成员的生产经营活动，向农民专业合作社及其成员摊派，强迫农民专业合作社及其成员接受有偿服务，造成农民专业合作社经济损失的，依法追究法律责任。

**第七十条**  农民专业合作社向登记机关提供虚假登记材料或者采取其他欺诈手段取得登记的，由登记机关责令改正，可以处五千元以下罚款；情节严重的，撤销登记或者吊销营业执照。

**第七十一条**  农民专业合作社连续两年未从事经营活动的，吊销其营业执照。

**第七十二条**  农民专业合作社在依法向有关主管部门提供的财务报告等材料中，作虚假记载或者隐瞒重要事实的，依法追究法律责任。

## 第十章  附  则

**第七十三条**  国有农场、林场、牧场、渔场等企业中实行承包租赁经营、从事农业生产经营或者服务的职工，兴办农民专业合作社适用本法。

**第七十四条**  本法自 2018 年 7 月 1 日起施行。

# 附录六　农民专业合作社财务会计制度

**财政部　农业农村部关于印发**
**《农民专业合作社财务制度》的通知**

财农〔2022〕58 号

各省、自治区、直辖市、计划单列市财政厅（局）、农业农村（农牧）厅（局、委），新疆生产建设兵团财政局、农业农村局：

为加强农民专业合作社和农民专业合作社联合社（以下统称"合作社"）财务管理，规范合作社财务行为，保护合作社及其成员的合法权益，依照《中华人民共和国农民专业合作社法》和国家有关法律、法规的规定，结合合作社的实际情况，我们制定了《农民专业合作社财务制度》，现予印发，请遵照执行。

附件：农民专业合作社财务制度

财政部　农业农村部
2022 年 7 月 8 日

附件

**农民专业合作社财务制度**

## 第一章　总　则

**第一条**　为了加强农民专业合作社和农民专业合作社联合社（以下统称合作社）财务管理，规范合作社财务行为，保护合作社及其成员的合法权益，依照《中华人民共和国农民专业合作社法》和国家有关法律、法规的规定，结合合作社的实际情况，制定本制度。

**第二条**　本制度适用于依照《中华人民共和国农民专业合作社法》设立并取得法人资格的合作社。

**第三条**　合作社应当根据本制度规定和自身财务管理需要，建立健全财务管理制度，有序开展财务管理工作，如实反映财务状况。

**第四条**　合作社应当依照《中华人民共和国会计法》和国家统一的会计

制度规定进行会计核算。合作社理事长对本社的会计工作和会计资料的真实性、完整性负责。

**第五条** 合作社应当按照国家有关规定及成员（代表）大会的决定，聘任财务会计人员，或者按规定委托代理记账。执行与合作社业务有关公务的人员不得担任合作社财务会计人员。

**第六条** 合作社应当建立健全财务内部控制制度，明确相关岗位的管理权限和责任，按照风险与收益均衡、不相容职务分离的原则，履行内部财务管理职责，控制财务风险。

**第七条** 合作社应当建立健全财务决策制度，依法明确决策规则、程序、权限和责任等。

合作社应当加强运营资金管理，强化预算管理和财务分析。

**第八条** 合作社应当为每个成员设立成员账户，记载该成员的出资额、量化到该成员的公积金份额、本社接受国家财政直接补助和接受他人捐赠形成的财产平均量化到该成员的份额、该成员与本社的交易量（额）、本社对该成员的盈余返还和剩余盈余分配等内容。联合社以入社合作社为成员，建立成员账户进行核算。

**第九条** 合作社的财务工作应当接受农业农村（农村经营管理）部门、财政部门的指导和监督。

合作社应当依法按时向税务机关申报纳税，及时向登记机关、农业农村（农村经营管理）等部门报送有关财务信息。

## 第二章 资金筹集及使用管理

**第十条** 合作社资金筹集是指合作社筹措、集聚其自身建设和生产经营所需要的资金，包括权益资金筹集和债务资金筹集。

合作社应当拟订资金筹集方案，确定筹资规模，履行内部决策程序，控制筹资成本。

**第十一条** 权益资金筹集是指合作社依法接受成员投入的股金、接受国家财政直接补助和他人捐赠形成的专项基金等。

**第十二条** 合作社成员可以用货币出资，也可以用实物、知识产权、土地经营权、林权等可以用货币估价并可以依法转让的非货币财产，以及章程规定的其他方式作价出资。法律、法规规定不得作为出资的财产除外。

合作社成员以非货币方式出资的，应当按照有关规定和合作社章程规定，确认出资额，计入成员账户，按照享有合作社成员出资总额的份额确定股金，差额作为资本公积管理。

**第十三条** 合作社成员不得以对本社或者其他成员的债权，充抵出资；不得以缴纳的出资，抵销对本社或者其他成员的债务；不得以劳务、信用、自然人姓名、商誉、特许经营权或者设定担保的财产等作价出资。

**第十四条** 合作社成员增加、减少或转让出资时，应当按照章程规定进行调整，并及时向登记机关申请变更登记。

**第十五条** 合作社接受国家财政直接补助和他人捐赠形成的财产，作为专项基金处理，并依法平均量化到每个成员，计入成员账户。

合作社应当对国家财政直接补助资金实行专款专用，取得生物资产、固定资产、无形资产等时，应当建立资产台账，加强资产管护，严禁挤占、挪用、侵占、私分。

**第十六条** 债务资金筹集是指合作社依法以借款、应付及暂收款项等方式进行资金筹集。

合作社应当明确债务资金筹集的目的、项目、内容等，根据资金成本、债务风险和资金需求，进行必要的筹资决策，控制债务比例，签订书面合同，并制定还款计划，诚信履行债务合同。

合作社筹集债务资金应当召开成员（代表）大会进行决议，由本社成员表决权总数过半数通过，章程对表决权数有较高规定的从其规定。

**第十七条** 合作社应当建立健全借款业务内部控制制度，明确审批人和经办人的权限、程序、责任和相关控制措施，按章程规定进行决策和审批，加强对借款合同等文件和单据凭证的管理。

合作社向金融机构申请借款，优先选择金融机构的优惠贷款。需要提供担保的，应当注意担保物价值与借款金额的匹配性。

**第十八条** 合作社的应付款项包括与本社成员和非本社成员的各项应付及暂收款项。

合作社应当建立健全应付及暂收款项管理制度，完善款项审批手续，及时入账，定期对账，按合同约定的时间适时付款和提供产品及劳务。合作社应当对成员往来、应付及暂收款设立明细账，详细反映应付及暂收款项的发生、增减变动、余额，应付及暂收款单位或个人，账期等财务信息，确保款项的安全。

## 第三章 资产及运营管理

**第十九条** 合作社的资产包括货币资金、应收款项、存货、生物资产、固定资产、无形资产、对外投资和长期待摊费用等。

**第二十条** 合作社的货币资金包括现金、银行存款等。

合作社应当建立健全货币资金管理制度，明确相关岗位的职责、权限，经办、审批等业务流程以及风险控制措施。合作社应当依法开立银行账户，加强资金、票据和印章管理。货币资金收付应当取得有效的原始凭据，并有经手人、审批人等签名，严禁无据收付款。非出纳人员不得保管现金，确因工作需要委托他人代收款项的，代收人应当自收到代收款之日起三个工作日内如数交给出纳。不得坐收坐支、白条抵库、挤占挪用、公款私存或者私款公存。

**第二十一条** 合作社的应收款项包括与本社成员和非本社成员的各项应收及暂付款项。

合作社应当建立健全应收及暂付款项管理制度，对成员往来、应收及暂付款设立明细账，详细反映应收及暂付款项的发生、增减变动、余额，应收及暂付款单位或个人，账期等财务信息，评估信用风险，跟踪履约情况，减少坏账损失。

**第二十二条** 合作社的存货包括材料、农产品、工业产成品、低值易耗品、包装物等产品物资，在产品，受托代销商品、受托代购商品、委托代销商品和委托加工物资等。

合作社应当建立健全存货管理制度，明确相关岗位的职责、权限，经办、审批等业务流程以及风险控制措施。存货入库时，应当办理清点验收手续，填写入库单，根据合同约定以及内部审批制度支付货款。存货领用或出库时，应当办理出库手续，填写领用单或出库单。应当定期或不定期对存货进行盘点核对，做到账实相符。

合作社应当明确销售、采购业务审批人和经办人的权限、程序、责任和相关控制措施，按照章程规定办理销售、采购业务，及时做好销售、采购记录，严格销售和采购合同、出库和入库凭证、销售和采购发票、验收证明等核对和管理。

**第二十三条** 合作社的生物资产包括消耗性生物资产、生产性生物资产和公益性生物资产。

合作社应当建立健全生物资产管理制度，加强对生物资产的成本、增减、折旧、出售、死亡毁损核算及管理。

经济林、薪炭林、产畜和役畜等生产性生物资产投产后，预计净残值率按照其成本的5％确定。

**第二十四条** 合作社的固定资产是指使用年限在一年以上，单位价值在2000元以上，并在使用过程中基本保持原有物质形态的资产，包括房屋、建筑物、机器、设备、工具、器具和农业农村基础设施等。单位价值虽未达到规定标准，但使用年限在一年以上的大批同类物资也可列为固定资产。

合作社应当建立健全固定资产管理制度，加强固定资产购建、使用、折旧、处置管理，落实人员岗位责任制。应当明确固定资产购建的决策依据、程序、审批权限和责任制度，制定并严格执行可行性研究和预决算、付款及竣工验收等制度。合作社的在建工程达到交付使用状态时，应当按照有关规定办理工程竣工财务决算和资产验收交付使用。

合作社应当建立固定资产台账，对固定资产定期或不定期地进行清查盘点。财务年度终了前，应当进行全面清查盘点，保证账、卡、物相符。对固定资产的盘盈、盘亏应当按照有关规定处理。

**第二十五条** 合作社的无形资产包括专利权、商标权、著作权、非专利技术、土地经营权、林权、草原使用权等。

合作社应当建立无形资产台账，依法明确权属，落实有关经营、管理的财务责任，对无形资产进行分类核算和管理。

合作社应当建立健全无形资产摊销制度，确定无形资产摊销方法。

**第二十六条** 合作社的对外投资是指合作社依法出资设立或者加入联合社，以及采用货币资金、实物资产、无形资产等向其他单位的投资。

合作社应当明确对外投资业务审批人和经办人的权限、程序、责任和相关控制措施。对外投资评估、决策及其收回、转让与核销等，应当由理事会提交成员（代表）大会决议。应当建立健全对外投资责任追究制度，加强对审批文件、投资合同或协议、投资方案计划书、对外投资有关权益证书、对外投资处置决议等文件资料的管理。应当加强对投资收益的管理，对外投资获取的现金股利或利润、利息等均应纳入会计核算，严禁设置账外账。

## 第四章　收入成本费用管理

第二十七条　合作社的收入包括合作社的经营收入和其他收入。

第二十八条　合作社应当对收入及时结算，切实加强管理，严禁隐瞒、截留、挤占和挪用。

第二十九条　合作社的费用包括经营支出、税金及附加、管理费用、财务费用和其他支出等。

第三十条　合作社应当加强费用支出管理，建立必要的费用开支范围、标准和报销审批等制度，控制和节约各项费用支出，不得虚列虚报。

合作社的支出应当按照财务工作规范流程，由经办人在原始凭证上注明用途并签字后，经合作社负责人审批同意并签字盖章，由财务会计人员审核记账，按程序实行公开，接受合作社成员监督。大额支出必须经成员（代表）大会决议通过后执行。

第三十一条　合作社不得承担属于成员和经营管理者个人的下列支出：

（一）娱乐、健身、旅游、购物、招待、馈赠等支出；

（二）购买商业保险、证券、股权、收藏品等支出；

（三）个人行为导致的罚款、赔偿等支出；

（四）购买住房、支付物业管理费、修缮费用等支出；

（五）应由个人承担的其他支出。

第三十二条　合作社应当强化成本意识，加强成本管理。

## 第五章　盈余及盈余分配管理

第三十三条　合作社应当做好收入、成本费用核算，及时结转各项收入和支出，核算所得税费用，确定当年盈余，规范盈余分配。

合作社应当按照章程规定，编制盈余分配或亏损处理方案，确定盈余分配或亏损处理程序。

第三十四条　合作社可以在章程中规定公积金提取的比例和用途，每年提取的公积金按照章程规定的比例量化为每个成员所有的份额。

合作社提取及使用公积金，应当按照章程规定或者经成员（代表）大会决议通过。

第三十五条　合作社在弥补亏损、提取公积金后的当年盈余为可分配盈余。

可分配盈余按成员与本社的交易量（额）比例返还的返还总额不得低于可分配盈余的百分之六十；返还后的剩余部分，以成员账户中记载的出资额和公积金份额，以及本社接受国家财政直接补助和他人捐赠形成的财产平均量化到成员的份额，按比例分配给本社成员。

经成员（代表）大会决议通过，可以将全部或者部分可分配盈余转为对合作社的出资，并记载在成员账户中。

具体分配办法按照章程规定或者经成员（代表）大会决议确定。

## 第六章 财务清算

第三十六条 合作社解散、破产时，应当按照有关法律规定进行财务清算。

第三十七条 合作社因章程规定的解散事由出现、成员（代表）大会决议解散、依法被吊销营业执照或者被撤销等原因解散，应当在解散事由出现之日起十五日内由成员（代表）大会推举成员组成清算组。逾期不能组成清算组的，成员、债权人可以向人民法院申请指定成员组成清算组，开始解散清算。

合作社财务清算，应当对合作社的财产、债权债务等进行全面清理，编制财产目录和债权债务清单，提出财产作价依据和债权债务处理办法。清算期间，未经清算组同意，任何组织机构和个人不得处理合作社的财产，包括宣布清算时的全部财产和清算期间取得的财产。

合作社接受国家财政直接补助形成的财产，在解散、破产清算时，不得作为可分配剩余资产分配给成员，具体按照有关规定执行。

第三十八条 合作社因严重亏损，资不抵债，不能清偿全部到期债务，或者清算组发现合作社的财产不足以清偿债务的，应当依法向人民法院申请破产。

第三十九条 在宣布合作社解散、破产前六个月至宣布解散、破产之日，下列行为无效：

（一）无偿转让财产；

（二）非正常压价处理财产；

（三）对原来没有财产担保的债务提供财产担保；

（四）对未到期的债务提前清偿；

（五）放弃应属于合作社的债权。

## 第七章 财务监督

**第四十条** 合作社应当建立健全财务审计制度，对财务收支的真实性、合法性、合规性进行内部审计。

**第四十一条** 合作社应当建立健全财务公开制度，以易于理解的形式如实向本社成员公开年度财务报告等财务信息，自觉接受成员的监督。

**第四十二条** 合作社解散、破产清算时，未按照有关规定处置国家财政直接补助形成的财产的，或者清算组成员因故意或重大过失造成国家财政直接补助形成的财产流失的，依法追究法律责任。

**第四十三条** 合作社、合作社负有直接责任的主管人员和其他人员有以下行为之一的，县级以上有关主管部门可以责令限期改正。

（一）未按本制度规定建立健全各项内部财务管理制度的；

（二）内部财务管理制度明显与法律、行政法规和通用的合作社财务规章制度相抵触，且不按照有关主管部门要求修正的。

**第四十四条** 任何单位或个人在合作社财务管理中滥用职权、玩忽职守、徇私舞弊或者泄露国家机密、合作社商业秘密的，依法进行处理。

## 第八章 附 则

**第四十五条** 各省、自治区、直辖市和计划单列市财政部门，新疆生产建设兵团财政局可根据本制度，结合本地区实际，会同同级农业农村部门制定具体实施细则。

**第四十六条** 本制度由财政部会同农业农村部负责解释。

**第四十七条** 本制度自 2023 年 1 月 1 日起施行。此前财政部印发的《农民专业合作社财务会计制度（试行）》（财会〔2007〕15 号）与本制度规定不一致的，以本制度为准。

# 参考文献

［1］中共烟台市委组织部.烟台【党务知识】党支部领办合作社操作实务30问［M］.北京：党建读物出版社，2020.
［2］法律法规汇编，中华人民共和国农民专业合作社法［M］.北京：中共法制出版社，2018.
［3］国家市场监督管理总局登记注册局，国家市场监督管理总局信用监管司，国家市场监督管理总局法规司.中华人民共和国市场主体登记管理条例解读［M］.北京：中共工商出版社，2022.
［4］姚凤娟，耿鸿玲.家庭农场与农民专业合作社管理实务［M］.2版.北京：化学工业出版社，2021.